Holger Schmieding
Unser gutes Geld

Holger Schmieding

Unser gutes Geld

Warum wir den Euro brauchen

Mit freundlicher Unterstützung

Privatbankiers gegründet 1590

BERENBERG BANK

Joh. Berenberg, Gossler & Co. KG

Dieses Buch wurde klimaneutral produziert

Bibliografische Information der Deutschen Nationalbibliothek
Die Deutsche Nationalbibliothek verzeichnet diese Publikation in der deutschen Nationalbibliografie; detaillierte bibliografische Daten sind im Internet über http://dnb.d-nb.de abrufbar.

ISBN 978-3-86774-256-6

Lektorat: Evelin Schultheiss, Ahrensburg
Umschlaggestaltung: Groothuis, Lohfert, Consorten, Hamburg | glcons.de
Herstellung und Gestaltung: Presse- und Verlagsservice, Erding
Gesetzt aus der Minion Pro und der Frutiger
Druck und Bindung: Freiburger Graphische Betriebe, Freiburg
Printed in Germany

Besuchen Sie uns im Internet: **www.murmann-verlag.de**

Ihre Meinung zu diesem Buch interessiert uns!
Zuschriften bitte an **info@murmann-verlag.de**

Den Newsletter des Murmann Verlages können Sie anfordern unter **newsletter@murmann-verlag.de**

Inhaltsverzeichnis

Überblick: Die Wahrheit über den Euro

Armer Euro. Noch nie waren die Preise in Deutschland und Europa so stabil wie seit der Geburt unseres Gemeinschaftsgeldes. Dennoch wächst die Gefahr, dass der noch junge Euro in den Stürmen einer nahezu beispiellosen Vertrauenskrise zerbrechen könnte.

Während sich Politiker und Notenbanker in immer neuen Rettungsaktionen zu überschlagen scheinen, bangen viele Bürger angesichts astronomisch anmutender Haftungssummen um die Stabilität ihres Geldes und den Wert ihrer Ersparnisse. Die Liste der Schreckensszenarien, die uns tagtäglich präsentiert werden, nimmt kein Ende. Sie reicht von Inflation zu Depression, vom Kaputtsparen bis zur unaufhaltsamen Schuldenexplosion. Angst legt sich wie Mehltau auf unsere Wirtschaft, nur Krisenpropheten haben Hochkonjunktur.

Kein Wunder, dass auch in Deutschland manche Bürger empfänglich werden für vermeintlich einfache Lösungen, sei es für den Rausschmiss Südeuropas aus dem Gemeinschaftsgeld oder für den einseitigen deutschen Ausstieg aus dem Ergebnis von über 60 Jahren Nachkriegspolitik für Frieden und Wohlstand in Deutschland und Europa.

Wie steht es wirklich um den Euro? In diesem Buch schauen wir zunächst auf die blanken Fakten. Sie zeichnen ein erstaunlich positives Bild. Der Euro ist ein gutes Geld. Er trägt dazu bei, die Preise in Deutschland und Europa stabil zu halten. Nirgendwo sonst in der westlichen Welt stehen die Chancen besser, die Last der Staatsschulden bald in den Griff zu bekommen, als in der Euro-Zone. Trotz aller Turbulenzen sind die Staatsschulden hier weniger bedrohlich und die Haushaltsdefizite weit weniger dramatisch als in den USA, Großbritannien oder Japan.

Zwar haben auch die Euro-Länder seit dem Beginn der Währungsunion vielfach gesündigt. Serienweise haben sie gegen die Ideale gängiger Lehrbücher verstoßen, wie manch deutscher Professor nicht müde wird zu betonen. Aber wir dürfen das wahre Leben nicht messen an dem, was sich Gelehrte im Elfenbeinturm oder ein ehemaliger Finanzsenator im Unruhestand so einfallen lassen. Wir brauchen schon einen fairen Vergleich. Oder zwei. Gemessen an der Zeit vor dem Euro (Vergleich 1) und gemessen an den heutigen Ergebnissen ähnlicher Wirtschaftsräume außerhalb der Euro-Zone (Vergleich 2) schneidet die Gemeinschaftswährung gut ab. Nirgendwo sonst haben Politiker und Notenbanker die Stabilität der Preise und der Staatsfinanzen weniger schlecht gehütet als im Euro-Raum. Zwar bestätigen Ausnahmen innerhalb der Euro-Zone die Regel, aber es sind eben nur Ausnahmen. Im Praxistest entpuppt sich der Euro als der beste Stabilitätsanker, den wir in den wichtigen Regionen der westlichen Welt finden können.

Wieso konnte der Euro dann überhaupt in solche Turbulenzen geraten? In diesem Buch zeigen wir den Teufelskreis der Krise auf. Gerade weil der postnationale Euro so neu und anders ist als alle anderen Währungen, ist er auch anfälliger für Vertrauensschocks. Leider hatte das in der Schönwetterphase vor dem »Lehman-Finanzinfarkt« kaum jemand erkannt. Aufgeschreckt durch die Krise, sind wichtige Entscheidungsträger in Europa wie der Deutsche Bundestag und die Europäische Zentralbank jetzt mit Nachdruck dabei, den Euro sturmfest zu machen. Die Richtung stimmt. Wir benennen die Bausteine, die über die jetzigen Maßnahmen hinaus für den dauerhaften Erfolg des Gemeinschaftsgeldes noch fehlen. Wir erklären, wie Politik und Zentralbank die Krise lindern und die Gefahren eingrenzen können. Einige unserer Vorschläge mögen für deutsche Verhältnisse ungewöhnlich klingen. Aber in ungewöhnlichen Zeiten müssen wir manchmal bereit sein, auch ungewöhnliche Wege zu gehen. Es ist geradezu das Wesen eines intelligenten Konservativen, das Bewährte dadurch zu bewahren, dass er es den Herausforderungen der Zeit anpasst.

Der Euro krönt einen 60 Jahre währenden Prozess der politischen und wirtschaftlichen Zusammenarbeit von Völkern, der in der Geschichte seinesgleichen sucht. Seit der Blüte des Römischen Reiches hat Europa keine vergleichbar lange Zeit des Friedens, der Freiheit und des Wohlstandes erlebt. Der Euro und die Wirtschaftsordnung, die wir rund um das Gemeinschaftsgeld aufbauen, sind nicht Teil des Problems. Im Gegenteil: Wenn wir den eingeschlagenen Weg beibehalten, können sie sogar helfen, die prekäre Lage der europäischen Staatsfinanzen zu stabilisieren und damit die Volkswirtschaften auf eine solidere Basis zu stellen.

Zur Analyse der Fakten gehört natürlich auch der kritische Blick auf die Krisenländer: Werden dort, wie vielerorts beklagt wird, deutsche Steuergelder tatsächlich fröhlich verprasst? Oder strengen sich die Regierungen und Parlamente in Madrid und Rom, in Dublin, Lissabon und Athen nicht doch ernsthaft an, die Krise zu überwinden? Die Fakten zeigen, dass in den kriselnden Randländern des Euro eine Welle von Sparmaßnahmen und Wirtschaftsreformen nach dem Vorbild der deutschen Agenda 2010 eingesetzt hat, die es so nirgendwo sonst in der westlichen Welt gibt. Der Euro erweist sich also als wirkungsvolle Reformpeitsche. So wie er einst in Deutschland zum Erfolg der Agenda 2010 beigetragen hat, zwingt er heute auch andere Euro-Länder auf einen zwar schmerzhaften, aber vielversprechenden Reformkurs.

Rein theoretisch laufen wir natürlich Gefahr, dass die Empfänger von Hilfe die Großzügigkeit der Geber ausnutzen, um es sich in einer sanften Hängematte auf fremde Kosten gemütlich zu machen. Im wahren Leben zählen jedoch die Tatsachen und nicht abstrakte Annahmen aus dem Lehrbuch. Für echte Fehlanreize, für Schlendrian auf Kosten hilfsbereiter deutscher Steuerzahler, gibt es in der Euro-Krise bisher keinerlei nennenswerten Beleg. Stattdessen zeigt eine lange Liste von Beispielen, dass Länder sich bemühen, zunächst den peinlichen Antrag auf Hilfe zu vermeiden, und schließlich alle Kredite zu nutzen, um aus eigener Kraft wieder auf die Beine zu kommen.

Auch das oft geäußerte Pauschalurteil, die Randländer des gemeinsamen Währungsraumes seien nicht wettbewerbsfähig und könnten nur mit einem neuen Schwachgeld auf einen grünen Zweig kommen, ist nicht stichhaltig. Zwar müssen einige Länder tatsächlich – wie Deutschland im vergangenen Jahrzehnt – ihre Kosten senken. Aber dies gilt längst nicht für alle. Spanien zum Beispiel war immer wettbewerbsfähig. Die beeindruckenden Ausfuhrerfolge aller Krisenländer beweisen, dass es sich hier nicht um ein grundlegendes Problem handelt. Der Euro erweist sich als der geeignete Rahmen, in dem Länder solche Probleme erfolgreich lösen können.

Welche weiteren Gefahren drohen, welche Folgeschäden allein durch die Art des Einsatzes gegen die Krise hervorgerufen werden können – auch diese Fragen werden Gegenstand des Buches sein. Am stärksten verbreitet ist die Angst vor einer möglichen Inflation oder einem Staatsbankrott. Der Befund hierzu ist eindeutig: Auf absehbare Zeit sind die Inflationsgefahren denkbar gering. Die Explosion der Immobilienpreise in Hamburg-Harvestehude, im Münchner Lehel und im Frankfurter Nordend hat nichts zu tun mit einem allgemeinen Anstieg der Verbraucherpreise. Der Immobilienboom ist auch kein Vorbote eines künftigen Geldwertschwundes. Genauso wenig wie der rasante Rückgang der Preise für elektronische Speicherchips und anderer Grundelemente wichtiger Hochtechnologien einen deflationären Verfall des allgemeinen Preisniveaus ankündigt.

Die verbreitete Ansicht, die Europäische Zentralbank würde zugunsten angeschlagener Südländer und maroder Banken immer mehr Geld drucken, das sich dereinst in einem Inflationsschub entladen müsse, ist blanker Unsinn. Sie beruht schlichtweg auf einem Missverständnis. Liquidität ist nicht gleich Geld. Die EZB gewährt heute den Banken zwar außerordentlich viel Liquidität, weil krisengeschüttelte Banken zur Sicherheit außerordentlich dicke Polster an flüssigen Mitteln horten wollen und müssen. Aber die Banken reichen diese Liquidität nicht als Geld an die Wirtschaft weiter. Die eigentliche Geldmenge bei Haushalten und Unternehmen, auf die es für hypothetische Inflationsgefahren ankommt, nimmt trotz der hohen Liquidität im Bankenwesen kaum zu. Im Gegenteil, die mickrigen Zuwachsraten des Geld- und Kreditvolumens außerhalb des reinen Geschäftsverkehrs zwischen Banken deuten eher auf einen weiter nachlassenden Preisdruck hin.

Ein ähnliches Bild zeigt sich bei den Staatsfinanzen: Der Patient Europa hat ein ernstes Problem, weniger ausgeprägt als andere Kontinente, aber eben doch ein echtes Problem. Der Unterschied ist, dass in der Euro-Zone die Operation, um den Patienten zu heilen, bereits begonnen hat. Der Eingriff verläuft bisher alles in allem erfolgreich. Wenn wir den Eingriff zu Ende bringen, ist die Prognose gut: Die Mitgliedsländer der Euro-Zone werden ihre staatlichen Schuldenlasten, also die Höhe der Staatsschulden relativ zu ihrer Wirtschaftsleistung, nachhaltig vermindern können. Wenn wir jedoch die Operation mittendrin abbrechen, so wie polternde Euro-Verneiner das gelegentlich fordern, könnte der Patient doch noch das Zeitliche segnen. Konkret gesagt: Die Risiken für den deutschen Staatshaushalt wären dann mit Abstand am größten, wenn Deutschland seine Freunde und Handelspartner im Stich ließe. Mit dem Euro steht uns ein deutscher Staatsbankrott keinesfalls bevor.

Die einzige Art, wie Deutschland auch nur theoretisch in die Nähe einer Schuldenfalle kommen könnte, wäre, die Basis seiner weltoffenen Wirtschaft durch einen einseitigen Austritt aus dem

Euro und eine Serie von sich anschließenden Handelskriegen mit seinen völlig düpierten Nachbarn zu zerstören. In diesem theoretischen Fall könnten der Einbruch der Wirtschaft und die mögliche Massenarbeitslosigkeit auch die deutschen Staatsschulden dramatisch nach oben treiben, während die Anleger der Welt ein dann unkalkulierbar gewordenes Deutschland mit weit höheren Risikoprämien bestrafen würden. Aber solange Deutschland nicht völlig den Verstand verliert, ist das zum Glück ähnlich unwahrscheinlich wie die plötzliche Rückkehr eines strahlenden Elvis Presley, der ein Konzert in seiner alten Kaserne in Nauheim bei Frankfurt ankündigt.

In der grassierenden Euro-Krise läuft vieles darauf hinaus, durch Bürgschaften des Deutschen Bundestages oder Eingriffe der Zentralbank Zeit zu kaufen. Unser Blick auf die Güte des Euro zeigt: Es lohnt sich. Denn die Krisenländer nutzen die Zeit, um sich zu reformieren, während Berlin, Frankfurt und Brüssel der Region insgesamt ein besseres Regelwerk zu verpassen versuchen.

Sparen tut weh. Während die Randländer des Euro ihre Ausgaben kürzen und ihre Steuern erhöhen, leidet ihre Konjunktur. Erst wenn die Operation beendet ist und die Konjunktur sich dort erholen kann, werden sich die vollen Erfolge zeigen können. Aber gerade die Erfahrungen in Deutschland mit der einst höchst umstrittenen Agenda 2010 belegen, dass richtige Reformen und mehr Haushaltsdisziplin die Basis für mehr Wachstum und weniger Schulden in der Zukunft legen.

Neben der Farbe und dem Wert unseres Geldes stehen auch die politische und wirtschaftliche Zukunft unseres Kontinents auf dem Spiel. Ähnlich wie der Aufbau der Nachkriegsordnung zwischen 1948 (westdeutsche Wirtschafts- und Währungsreform) und 1958 (Europäische Wirtschaftsgemeinschaft) sowie der deutschen und europäischen Wiedervereinigung zwischen 1989 und 1991 werden unsere heutigen Entscheidungen über den Euro und die europäische Integration das Schicksal Deutschlands und Europas für lange Zeit prägen.

Als großes Land der Mitte in Europa kann Deutschland niemals gegen, sondern nur gemeinsam mit seinen Nachbarn blühen. In ihrem Amtseid haben die Bundeskanzlerin und ihre Minister sich feierlich dazu verpflichtet, Schaden vom deutschen Volke abzuwenden. Bei allem berechtigten Streit um einzelne Schritte zeigen die Fakten, die wir in diesem Buch darlegen werden, dass die Euro-Politik von Angela Merkel und der sie tragenden Parteien geeignet ist, genau dies zu erreichen. Mit dieser Politik kann die Zukunft Deutschlands gegen vielerlei Gefahren abgesichert werden.

Es gereicht der rot-grünen Opposition zur hohen Ehre, dass sie bisher fast alle Grundsatzentscheidungen zur Euro-Politik in Bundestag und Bundesrat mitgetragen hat. In dieser Beinahe-Koalition aller verantwortungsbereiten Parteien drückt sich ein nationales Interesse Deutschlands aus. Es ist vergleichbar mit dem nationalen Interesse, aus dem damals kranken Mann Europas wieder ein Land mit Zukunft zu machen, das sich im Jahr 2003 zeigte. Damals verabschiedete ebenfalls eine faktische Allparteienkoalition die wichtigsten Wirtschaftsreformen in beiden Kammern des Parlaments. Diesen Reformen hat Deutschland es zu verdanken, dass es sich heute über einen beispiellosen Zuwachs der Beschäftigungschancen und einen nahezu ausgeglichenen Staatshaushalt freuen kann. Auch Deutschland hatte sich im Euro und, wie wir zeigen werden, zum Teil sogar mit Hilfe des Euro saniert. Wer im Euro bleiben will, muss sich anpassen, und wer sich anpasst, hat die große Chance, wie Deutschland gestärkt aus der Krise hervorzugehen. Deshalb lohnt es sich für uns alle, diesen Euro zu stützen – und dabei ein besseres Europa zu bauen.

Anders als nahezu alle anderen Regionen der westlichen Welt ist die Euro-Zone tatsächlich dabei, ihre Haushalts- und Strukturprobleme energisch anzugehen. Reformen tun weh, aber der Schmerz dauert nicht ewig. Wenn alle beteiligten Länder Kurs halten und durchhalten, kann im Verlauf von ein bis zwei Jahren eine grundlegend erneuerte Euro-Zone entstehen, die ihren Bürgern auch weiterhin Frieden und erneut stabilen Wohlstand sichert.

Kapitel I: Der Euro ist ein gutes Geld

Neulich bei einem Besuch bei meiner Schwiegermutter in Dithmarschen sprach die rüstige Dame mich, den seltenen Besucher aus der Welt der Finanzen, auf einen Fernsehbericht an: In sensationell aufgemachten Bildern wurde dort gerade gezeigt, dass größenwahnsinnige Provinzpolitiker in Spanien vor einigen Jahren zwei Flughäfen haben bauen lassen, auf denen kaum je ein Flugzeug landet. Kein Mensch brauche diese Landebahnen. Um der Sache die Krone aufzusetzen, habe eine dieser Provinzgrößen sich vor der üblicherweise gähnend leeren Abfertigungshalle noch ein überlebensgroßes Denkmal setzen lassen. Die gar nicht unterschwellige Botschaft des Filmchens schien klar: Mit solchen Leuten können wir doch nicht unser gutes Geld teilen. So muss der Euro ja scheitern. Was ich denn zu solchen Berichten sagen würde, fragte meine Schwiegermutter.

Was sollte ich sagen? Der Bericht hatte ja recht. In Spanien wurde zu Zeiten der großen Immobilienblase wirklich Geld verschwendet. Mein Blick fiel dabei zufällig auf die aktuelle Tageszeitung. Vom Nürburgring war dort die Rede, vom grandios gescheiterten Traum eines deutschen Regionalfürsten, aus der guten alten Rennstrecke etwas viel Größeres zu machen. War da nicht auch der Lausitzring, ergänzte meine Schwiegermutter, als ich auf das Nürburg-Debakel verwies. Damit hatten wir bereits Gleichstand erreicht, zwei Flughäfen in Spanien, zwei Rennstrecken bei uns. So mussten wir erst gar nicht das milliardenschwere Desaster des Flughafens Berlin-Brandenburg oder die Elbphilharmonie ansprechen, bevor wir uns einig waren: Dummheit gibt es überall.

Allein mit willkürlich aufgebauschten Einzelbeispielen können wir kein Urteil darüber fällen, wo mehr Geld verschwendet wird, in Spanien oder in Deutschland, oder ob angeblich so verschiedene Mentalitäten es vielleicht unmöglich machen, mit einer gemeinsamen Währung in Wohlstand und Frieden zusammenzuleben. Für ein echtes Urteil über den Euro müssen wir schon einen Blick auf die größeren Zusammenhänge und das Gesamtbild der verfügbaren Daten und Erfahrungen werfen.

Hier zeigt sich zunächst eine wenig erfreuliche Ausgangslage: Seit knapp drei Jahren beherrscht die Euro-Krise die Schlagzeilen. Dieser Lärm kann den oberflächlichen Beobachter leicht zu dem Schluss verleiten, der Euro sei eine groteske Fehlkonstruktion. Das Experiment mit einer Gemeinschaftswährung für eine Vielzahl verschiedener Länder sei gescheitert, Deutschland und seine Partner täten gut daran, jetzt auszusteigen. Gemessen an den vereinfachten Idealen wirtschaftstheoretischer Lehrbücher vielleicht sogar ein nachvollziehbarer Schluss. Doch beim Vergleich mit der Theorie schneidet nicht nur der Euro, sondern jegliche Wirklichkeit schlecht ab. Das wahre Leben reicht nie an die theoretischen Modelle heran. So gesehen ist auch die Existenz einer Krise für sich genommen noch kein Grund, den Euro abzulehnen. Krisen sind ein Bestandteil menschlichen Lebens. Sie gehören dazu wie der Frost zum Winter in den Bergen. Oft kann sich eine Krise sogar als Mutter des Fortschritts entpuppen.

Die Euro-Zone gehört zu den großen und hochentwickelten Wirtschaftsregionen der Welt. Vergleichen können wir sie weder mit dem ungestümen Aufholprozess eines noch immer bitterarmen Schwellenlandes wie China noch mit der besonderen Lage kleiner westlicher Randwirtschaften, deren außerordentlicher Reichtum auch auf speziellen Bodenschätzen wie Öl oder einem allzu ausgeprägten Bankgeheimnis beruht. Echte Vergleiche können wir nur mit anderen großen Wirtschaftsräumen der westlichen Welt anstellen. Und hier zeigt sich schnell, dass der Euro sogar ausgesprochen gut abschneidet. Werfen wir hierfür einen Blick auf die vier großen Pfeiler der Stabilität:

1. den Zustand der Staatsfinanzen,
2. die Rate des Geldwertschwundes,
3. den Umfang der staatlichen Eingriffe in die Wirtschaft und
4. das Tempo und Ausmaß wachstumsfördernder Reformen.

Vier Pfeiler der Stabilität

Stabilitätspfeiler 1: Staatsfinanzen

Ende 2011 hatten die Staatsschulden in der Euro-Zone eine Höhe erreicht, die 87,3 Prozent der jährlichen Wirtschaftsleistung entsprach. Die Quote lag damit weit über dem einst im Maastricht-Vertrag gesetzten Grenzwert von 60 Prozent. So gesehen hätte sich die Euro-Zone insgesamt nicht für den Euro qualifizieren dürfen. Wir müssten also in einer Zone ohne Euro statt einer Euro-Zone leben. Nur Estland, Finnland, Luxemburg sowie Slowenien und die Slowakei hätten sich demnach noch für den Euro qualifiziert. Auch das zeigt, wie lächerlich Forderungen sind, unser Gemeinschaftsgeld in einen Nord- und Südeuro aufzuspalten.

Aber das Bild ändert sich, wenn wir auf andere wichtige westliche Länder schauen. Großbritannien, das sich vehement vom vermeintlich so schädlichen Euro abgrenzt, trägt mit 85,3 Prozent eine ähnlich hohe Schuldenlast wie die Euro-Zone. In den USA ist die Quote mit 103,5 Prozent noch weit höher. Und mit seinen 211,4 Prozent ist Japan schlicht jenseits von Gut und Böse.

Noch wichtiger als diese Momentaufnahme ist der längerfristige Trend der Staatsfinanzen. Seit dem Beginn der Währungsunion Anfang 1999 ist die staatliche Schuldenlast in der Euro-Zone leider merklich gestiegen, um 14,5 Punkte von 72,8 Prozent

Tabelle 1: Die Säulen der Stabilität – Die Euro-Zone im Vergleich

	Inflation	**Schulden-quote***		**Staats-defizit***	**Staats-quote***	
	Seit Ende 1998	2011	Anstieg 1998–2011	2011	2011	Anstieg 1998–2011
USA	2,5%	103,5%	38,5	9,6%	41,7%	7,1
Groß-britannien	2,16%	85,3%	38,6	8,3%	49,1%	9,6
Japan	–0,3%	211,4%	99,9	8,2%	43,0%	1,2
Euro-Zone	2,06%	87,3%	14,5	4,1%	49,4%	1,0
Deutsch-land	1,55%	81,2%	20,7	1,0%	45,7%	–2,3
Euro-Zone ohne Deutsch-land	2,21%	89,8%	11,4	5,3%	50,3%	2,1
Österreich	2,04%	72,4%	8,0	2,6%	50,5%	–3,1

* In % des Bruttoinlandsproduktes. Die Inflationsrate gibt den durchschnittlichen Anstieg der Verbraucherpreise pro Jahr an. Anstieg der Staats- und Schuldenquoten in Prozentpunkten des Bruttoinlandsproduktes. Die Zahlen zu Schulden und Staatsdefizit beziehen sich auf den Gesamtstaat (Maastricht-Definition); die Staatsquote misst den Anteil der Staatsausgaben am Bruttoinlandsprodukt.

Quellen: Eurostat; EU Commission, *European Economy, Statistical Annex Spring 2012*; OECD Economic Outlook, Mai 2012; eigene Berechnungen

auf 87,3 Prozent der Wirtschaftsleistung. Das lag zu einem erheblichen Teil daran, dass Deutschland lange Zeit seine eigenen Haushaltslücken nicht in den Griff bekommen hatte. Denn mit einer Zunahme von 20,7 Punkten haben die ach so stabilitätsbewussten Deutschen überproportional zur höheren Schuldenlast beigetragen. In der Euro-Zone außerhalb Deutschlands legte die Schuldenquote von Ende 1998 bis Ende 2011 um maßvollere 11,4 Punkte zu. Während einige ganz kleine Länder wie Griechenland und Irland mit einem hohen Anstieg ihrer Schuldenquote aus dem Rahmen fielen, konnte Italien dies durch eine verhältnismäßig solide Haushaltspolitik zum Teil ausgleichen.

Nach dem Beginn der Währungsunion war es der Euro-Zone sogar gelungen, ihre Staatsschulden von 72,8 Prozent der Wirtschaftsleistung Ende 1998 auf 66,3 Prozent Ende 2007 zu drücken, obwohl das größte Mitgliedsland, Deutschland, während dieser Zeit seine Schuldenquote von 60,5 Prozent auf 65,2 Prozent ansteigen ließ. Aber mit dem Jahrhundertfehler der US-Politik, die Riesenrezession nach der ungeordneten Lehman-Pleite zuzulassen, schnellte die Euro-Schuldenquote bis Ende 2010 auf 85,4 Prozent und bis Ende 2011 auf 87,3 Prozent hoch. Ohne diese von den USA ausgehende Superkrise müsste die Euro-Zone heute eine weit geringere Schuldenlast tragen als zu Beginn der Währungsunion.

Außerhalb der Euro-Zone sieht es weit düsterer aus. In den USA legte die Schuldenquote von Ende 1998 bis Ende 2011 um 38,5 Punkte zu, in Großbritannien um 38,6 und in Japan gar um 99,9 Punkte. Gemessen an den Ergebnissen in diesen Vergleichsregionen steht die Euro-Zone seit dem Beginn der Währungsunion also beinahe als Musterknabe dar. Die USA und Großbritannien mit ihren eigenen Nationalwährungen haben sich in den Jahren ab 1999 nahezu dreimal mehr neue Haushaltssünden geleistet als die viel gescholtene Euro-Zone. Anders als die Euro-Zone würden alle anderen wichtigen Regionen der westlichen Welt auch ohne Lehman und Finanzkrise heute eine weit höhere Schuldenquote aufweisen als Ende 1998.

Vor Beginn der Währungsunion hatten die Länder der künftigen Euro-Zone wesentlich höhere Schulden aufgehäuft als die USA und Großbritannien. Aber seit dem Start des Euro haben sie insgesamt eine wesentlich solidere Haushaltspolitik betrieben als die USA, Großbritannien und Japan.

Ein Blick auf den laufenden Fehlbetrag im Staatshaushalt, also die jährliche Neuverschuldung, bestätigt diesen Eindruck. Im Jahr 2011 erlaubte sich die Euro-Zone ein Defizit von 4,1 Prozent seiner Wirtschaftsleistung, deutlich über dem einst in Maastricht gesetzten Referenzwert von 3 Prozent. Aber andernorts sah es noch viel schlimmer aus. In den USA lag die Lücke zwischen Einnahmen und Ausgaben des Staates bei dramatischen 9,6 Prozent, in Japan bei 8,2 Prozent und in Großbritannien bei 8,3 Prozent der jeweiligen Wirtschaftsleistung. Während die Japaner sich noch damit entschuldigen können, dass sie 2011 die Jahrhundertkatastrophe rund um Fukushima verkraften müssen, lässt sich für die USA schlicht kein vernünftiger Grund dafür finden, dass der Staat dort für je zwei Dollar Steuereinnahmen drei Dollar ausgibt.

Stabilitätspfeiler 2: Preisstabilität

Auch beim zweiten großen Pfeiler der Stabilität, der Preisstabilität, braucht die Euro-Zone sich nicht zu verstecken. Seitdem die Europäische Zentralbank (EZB) das Steuer der Geldpolitik übernommen hat, hat sie dem gemeinsamen Währungsraum eine durchschnittliche Inflationsrate von 2,06 Prozent beschert. Die EZB hat sich selbst das Ziel gesteckt, die jährliche Rate des Geldwertschwundes »unter, aber nahe bei 2 Prozent« zu halten. Trotz des anhaltenden Anstiegs der Öl- und Nahrungsmittelpreise, in dem sich vor allem der Hunger Chinas nach Rohstoffen für seine Industrie und nach Fleisch für seine Bürger ausdrückt, hat die EZB ihr Ziel nur um eine Spanne verfehlt, die im Rahmen der Messgenauigkeit liegt.

Für Deutschland sieht die Bilanz der EZB sogar noch besser aus. Die deutschen Verbraucherpreise sind seit Anfang 1999 im Durchschnitt um 1,55 Prozent pro Jahr gestiegen. Damit ist Deutschland mit dem Euro weit besser gefahren, als es jemals zu Zeiten der D-Mark der Fall war. Zwischen der Währungsreform 1948 und der Übergabe der Geldpolitik an die EZB Ende 1998 legten die (west-)deutschen Verbraucherpreise im Durchschnitt um jeweils 2,8 Prozent pro Jahr zu. Es gab unter der Ägide der Bundesbank keinen entsprechend langen Zeitraum, in dem die Preise so stabil waren, wie sie es seit Beginn der Währungsunion sind. So gesehen sollten gerade die Deutschen, die ja zu Recht besonderen Wert auf Preisstabilität legen, eigentlich täglich vor dem Eingang der EZB an der Frankfurter Kaiserstraße eine Dankmesse lesen.

Natürlich entspricht eine durchschnittliche Inflationsrate von etwa 2 Prozent nicht ganz dem landläufigen Verständnis eines wirklich stabilen Preisniveaus. Aber ein Teil des gemessenen Preisanstiegs lässt sich zumeist auf eine bessere Qualität der Produkte und nicht auf einen höheren Preis für ein unverändertes Erzeugnis zurückführen. Man vergleiche ein Auto heute mit einem Wagen aus den 1970er Jahren. Deshalb gilt sowohl international als auch bei Bundesbank und Europäischer Zentralbank in Frankfurt eine jährliche Inflationsrate von (knapp) 2 Prozent als vereinbar mit dem Ziel eines stabilen Preisniveaus.

Auch außerhalb der Euro-Zone haben die Zentralbanken in den Jahren ab 1999 keine große Inflation zugelassen. In den USA hat das Geld jährlich im Schnitt 2,5 Prozent seines Wertes eingebüßt, in Großbritannien lag der Schwund bei 2,16 Prozent. In Japan sind die Preise sogar ganz leicht gefallen, um jährlich 0,3 Prozent.

Festzuhalten bleibt, dass es der Europäischen Zentralbank besser gelungen ist als jeder anderen vergleichbaren Institution, dem selbst gesetzten Ziel eines Preisauftriebs von knapp 2 Prozent pro Jahr zu genügen. Damit hat die EZB Deutschland besser gedient, als es die Bundesbank jemals vermocht hatte.

Stabilitätspfeiler 3: Staatsquote

Für die langfristige Dynamik einer Wirtschaft kommt es auch darauf an, wie viel Freiraum der Staat seinen Bürgern lässt, ihr Leben nach eigenem Gutdünken zu gestalten. Ein einfaches Maß dafür ist die Staatsquote. Sie setzt die gesamten Staatsausgaben ins Verhältnis zur Wirtschaftsleistung. So misst sie, welcher Anteil des von jedem Bürger jährlich Erarbeiteten über den Staat gesteuert und verteilt wird. In der Euro-Zone ist diese Staatsquote von 1998 bis heute um 1,0 Prozentpunkte auf 49,4 Prozent gestiegen. Seit Beginn der Währungsunion hat also der Staat seinen Zugriff auf den gesamtwirtschaftlich erarbeiteten Kuchen etwas verstärkt. Das ist wenig erfreulich. Aber erneut kann der Blick auf andere vergleichbare Wirtschaftsräume dazu dienen, dies ins rechte Licht zu rücken. In den USA ist die Staatsquote um 7,1 Prozentpunkte nach oben geschnellt, in Großbritannien sogar um 9,6 Punkte. Nur Japan ist mit 1,2 Punkten Anstieg relativ nah am vergleichsweise harmlosen Wert für die Euro-Zone.

Ebenso wie beim Stand der Staatsschulden gilt auch hier: Dass die Euro-Zone überhaupt einen kleinen Anstieg zu vermelden und erleiden hat, ist vor allem eine Folge der großen Finanzkrise nach der Lehman-Pleite. Sie hat ihre Spuren auch in höheren Ausgaben für mehr Arbeitslose sowie in höheren Zinskosten für die krisenbedingt gestiegene Staatsschuld hinterlassen. Ohne die große Finanzkrise wäre es der Euro-Zone anders als den USA und Großbritannien wohl gelungen, die Staatsquote im Zeitablauf zu vermindern. So war die Staatsquote in der Euro-Zone bereits von 48,4 Prozent im Jahr 1998, also direkt vor Beginn der Währungsunion, bis 2007 auf 46,0 Prozent zurückgegangen, während sie bereits vor Lehman in den USA und Großbritannien den Ausgangswert von 1998 übertraf. Auch beim Eindämmen des staatlichen Zugriffs auf das Einkommen seiner Bürger nimmt die Euro-Zone in der westlichen Welt eindeutig eine Spitzenposition ein.

Stabilitätspfeiler 4: Wachstumsfördernde Reformen

Die Vorzüge des Euro gegenüber anderen großen Währungen der westlichen Welt zeigen sich auch auf einem anderen Gebiet, das eng mit der Staatsquote zusammenhängt. Im Zeitalter des Euro erleben weite Teile Europas eine Reformwelle, wie es sie seit dem Zusammenbruch des Kommunismus in Mittel- und Osteuropa 1989/1990 in Industrieländern nicht mehr gegeben hat.

Den Anfang hat Deutschland selbst gemacht. Ende der 1990er Jahre war Deutschland zum »kranken Mann Europas« geworden, dessen Wachstumsschwäche den gesamten Kontinent bedrohte. Bei allem Schimpfen über Griechen, Spanier und Italiener sollte man zwischen Zugspitze und Wattenmeer nicht vergessen, dass Reformstau und Standortflucht deutsche Worte sind. Erst die Reformen der Agenda 2010 aus dem Jahr 2004 haben aus Deutschland wieder die Wachstumslokomotive Europas gemacht.

Unter dem Druck der aktuellen Euro-Krise haben viele Randstaaten der Währungsunion seit 2010 begonnen, die wesentlichen Elemente der Agenda 2010 auch bei sich umzusetzen. Geringere Rentenansprüche, ein gelockerter Kündigungsschutz, weniger großzügige Sozialleistungen, geringeres Arbeitslosengeld, höhere Verbrauchssteuern, Einschnitte bei vielen Staatsausgaben sowie eine durch Massenarbeitslosigkeit erzwungene Lohnzurückhaltung gehören in fast allen Krisenländern mittlerweile zum Alltag. In einem großen Bericht, dem *2011 Euro Plus Monitor* (Berenberg Bank und Lisbon Council, 15. November 2011), haben wir dies in vielen Einzelheiten nachgezeichnet (siehe Kapitel IX).

Der Dachverband der wirtschaftlich fortgeschrittenen Länder, die OECD in Paris, hat unsere Ergebnisse in einer eigenen Analyse voll bestätigt: Gerade die Krisenländer am Rande der Währungszone haben in den vergangenen Jahren immer mehr wachstumsfördernde Wirtschaftsreformen umgesetzt. Sie sind damit allen anderen Mitgliedern der OECD weit voraus.[1]

Seit 2005 empfiehlt die OECD ihren Mitgliedern jährlich auf das einzelne Land zugeschnittene Reformen, um die Wirtschaft dauerhaft zu stärken und das Wachstumspotenzial zu erhöhen. Danach misst die OECD, inwieweit die Länder diesen Empfehlungen tatsächlich nachkommen. Tabelle 2 zeigt, wie sich die Bereitschaft zum Wandel nach Ausbruch der Euro-Krise 2010/2011 im Vergleich zur Zeit unmittelbar davor verändert hat. Dabei ist die Skala so aufgebaut, dass 1 ein hervorragender Wert wäre, während –1 ein besonders schlechtes Ergebnis darstellt. Ein Minuszeichen weist auf eine abnehmende Reformbereitschaft hin.

Die Goldmedaille in der Reformliga geht an Griechenland, Spanien erreicht Silber, Irland Bronze. Portugal kommt knapp dahinter auf den vierten Platz. Unter den 30 Ländern, die die OECD unter die Lupe nimmt, stehen also die vier von der Euro-Krise am meisten gebeutelten Länder im Hinblick auf Reformen ganz vorne. Die rote Laterne muss sich dagegen Deutschland umhängen lassen mit einem blamablen letzten Platz, knapp hinter der Schweiz (29. Platz), Luxemburg (28) und Belgien (27). Nur für diese vier Länder ist der Befund negativ: Sie haben in Sachen Reformen sogar den Rückwärtsgang eingelegt. Italien schafft einen mittleren Platz. Allerdings bezieht sich der Bericht weitgehend auf die Zeit, in der noch ein Herr Berlusconi damit beschäftigt war, in Rom oder an den Schwimmbecken seiner vielen Villen das Zepter zu schwingen, anstatt sein Land auf Vordermann zu bringen. Italien ist erst im Spätsommer 2011 in die Krise gerutscht. Seit dem Amtsantritt von Mario Monti im November 2011 dürfte sich auch für Italien das Bild kräftig geändert haben.

Insgesamt zeigt die Tabelle ein klares Muster: Wer sich bessern muss, tut es auch. Die Reformpeitsche Euro wirkt in den Krisenländern. Deutschland strengt sich allerdings nicht mehr an. Aus einer guten Startposition heraus droht Deutschland auf Dauer wieder zurückzufallen.

Tabelle 2: Internationale Reformliga

Rang (von 1 bis 30)	**Land**	**Reformfortschritte** (von –1 bis 1)
1	Griechenland	0,7
2	Spanien	0,6
3	Irland	0,5
4	Portugal	0,4
5	Großbritannien	0,4
...		
9	USA	0,3
...		
15	Italien	0,2
16	Österreich	0,2
17	Japan	0,2
18	Niederlande	0,2
...		
21	Frankreich	0,1
...		
27	Belgien	–0,01
28	Luxemburg	–0,1
29	Schweiz	–0,1
30	Deutschland	–0,2

Zunahme der Bereitschaft, Empfehlungen der OECD zu Reformen innerhalb eines Jahres umzusetzen, 2010/2011 im Vergleich zu 2008/2009. Die Daten beziehen sich auf tatsächlich umgesetzte Reformen, nicht auf Absichtserklärungen.

Quelle: OECD

Der böse Verdacht, die angeschlagenen Krisenländer am Rande der Euro-Zone könnten die Hilfsbereitschaft ihrer Partner dazu ausnutzen, es sich bequem zu machen, statt sich schmerzhafter Reformen zu unterziehen, wird auch durch die Befunde der OECD eindeutig widerlegt.

Das Problem: Reformen brauchen Zeit

Solche Reformen beleben allerdings zumeist nicht unmittelbar die wirtschaftliche Aktivität. So führt beispielsweise ein gelockerter Kündigungsschutz dazu, dass Unternehmen sich in einem Aufschwung schneller trauen, mehr neue Mitarbeiter einzustellen. Denn sollte sich der Aufschwung als kurzlebig erweisen, wären die Kosten, die Mitarbeiter wieder zu entlassen, nun deutlich geringer als vorher. Aber einen Aufschwung muss es dafür schon geben. Wenn Unternehmen in einer Wirtschaftskrise kein neues Personal brauchen, kann auch die beste Arbeitsmarktreform sie nicht dazu bringen, neue Stellen anzubieten. Scharfe Sparmaßnahmen des Staates belasten typischerweise zunächst die gesamtwirtschaftliche Nachfrage. Schließlich gibt der Staat selbst weniger aus und/oder schmälert die Kaufkraft seiner Bürger durch höhere Steuern. Deshalb ist das erste sichtbare Ergebnis einer Spar- und Reformpolitik zunächst einmal eine Konjunkturschwäche, in der sich noch nichts am Arbeitsmarkt regt. Dies hat auch Deutschland in den Jahren 2004 und 2005 schmerzhaft erlebt.

Erst wenn der erste Sparschmerz überwunden ist, können die Reformen langsam greifen. So war es auch in Deutschland. Zwei Jahre nach den Reformen, Anfang 2006, setzte mit einem neuen Konjunkturaufschwung die Wende am Arbeitsmarkt ein. Ab dann haben die Unternehmen wie erhofft wesentlich mehr Mitarbeiter neu eingestellt, als es in früheren Aufschwüngen üblich war. Und durch die zusätzlichen Einkommen der neuen Mitarbeiter wurde auch die Kaufkraft der Bürger gestärkt, was wiederum dem konjunkturellen Aufschwung weitere Dynamik verlieh.

Die tiefe Konjunkturkrise, unter der die Randländer des Euro heute ächzen, widerlegt also nicht den von der OECD und von uns selbst nachgewiesenen Befund, dass die Randstaaten Europas derzeit eine nahezu beispiellose Welle von letztlich wachstumsfördernden Reformen erleben. Die harten Sparmaßnahmen und die allgemeine Unsicherheit über das Schicksal des Euro lasten derzeit schwer auf der Nachfrage. Erst wenn diese Unsicherheit weicht und die Sparziele so weit erreicht sind, dass es nicht immer neuer Einschnitte bedarf, werden sich die eigentlichen Erfolge der Reformen zeigen können.

Dass Länder innerhalb des gemeinsamen Währungsraumes ihre Wirtschaft reformieren oder bereits reformiert haben, ist mittlerweile nahezu zur Regel geworden, die von Deutschland bis Portugal, von Spanien bis Irland und Belgien gültig ist. Allerdings gibt es auch die unrühmliche Ausnahme, die die Regel bestätigt: Frankreich fällt auf als das einzig nennenswerte Land der Euro-Zone, das die Zeichen der Zeit noch nicht erkannt hat.

An dieser Stelle können wir auch gleich mit einem verbreiteten Vorurteil aufräumen. Gerade deutsche Professoren posaunen oft in die Welt hinaus, den Randländern unseres Gemeinschaftsgeldes mangele es so sehr an Wettbewerbsfähigkeit, dass sie ihr Glück besser außerhalb der Euro-Zone suchen müssten. Denn nur mit einer eigenen Schwachwährung könnten sie ihre Ausfuhren hinreichend steigern. Die Fakten zeichnen ein ganz anderes Bild. Alle Randländer erleben seit Beginn ihrer Krise einen regelrechten Ausfuhrboom. In Spanien, Portugal und Irland hat sich innerhalb weniger Jahre der Außenbeitrag, also die Differenz zwischen Aus- und Einfuhr, um einen Betrag verbessert, der 10 Prozent der Wirtschaftsleistung entspricht. Selbst das arg gebeutelte Griechenland konnte 2011 den Wert seiner Warenausfuhren um 37 Prozent von 16,4 Milliarden im Vorjahr auf 22,5 Milliarden Euro steigern.[2] Die Länder haben auch keine andere Wahl. Da die Abnehmer im Inland den Gürtel enger schnallen müssen, sind sie gezwungen, im Ausland neue Märkte für sich zu erschließen. Aber Tatsache bleibt, dass sie es im Euro schaffen und weiterhin schaffen können, ihre Ausfuhren ansehnlich zu erhöhen.

Alles in allem lassen die bisher zusammengetragenen Fakten nur einen Schluss zu: Die Europäische Währungsunion bietet eine **gute Stabilitätsordnung**. Keinem vergleichbaren Wirtschaftsraum der westlichen Welt ist es besser gelungen, die Stabilität zu wahren und mit Reformen die Grundlage für künftiges Wachstum zu legen. Die Ergebnisse der Euro-Zone sind nicht unbedingt gut. Aber kein anderer Wirtschaftsraum kommt auch nur annähernd an die Ergebnisse heran, die die Euro-Länder unter denkbar schwierigen Umständen erzielt haben.

Inmitten der tosenden Euro-Schuldenstürme wirft dieser verblüffende Befund naturgemäß zwei große Fragen auf:

1. Handelt es sich um reinen Zufall – oder gibt es gute Gründe dafür, dass die Euro-Zone weniger anfällig ist für Sünden wider die Stabilitätskultur als andere Regionen?
2. Wenn die Euro-Zone im internationalen Vergleich recht gut abschneidet, wie konnte dann gerade sie zum Epizentrum eines Finanzbebens werden, das den Euro zu zerstören und die Weltwirtschaft zu erschüttern droht?

Auf diese Fragen gehen wir in den folgenden Kapiteln ein. Dabei wird viel von dem die Rede sein, was die Euro-Zone insgesamt von Nationalstaaten wie den USA, Großbritannien und Japan unterscheidet. Die besonderen Probleme kleiner Randgebiete der Währungsunion wie Griechenland werden wir erst im Anschluss näher untersuchen.

Kapitel II: Resolute Liebe – Das Wesen des Euro

Keine Abwertung: Der Euro versperrt den bequemen Ausweg

Mit dem Übergang von nationalen Währungen zum neuen Gemeinschaftsgeld Euro am 1. Januar 1999 verzichteten die Mitgliedsländer auf einen Teil ihrer wirtschaftspolitischen Handlungsfreiheit. Sie können ihre Notenbankzinsen nicht mehr selbst bestimmen und den Außenwert ihrer Währung nicht mehr beeinflussen. Stattdessen müssen sie mit den Leitzinsen und Wechselkursen leben, die für den gesamten Währungsraum gelten.

Damit haben sie sich selbst die Möglichkeit genommen, vor ihren Problemen davonzulaufen. Der Euro versperrt die einfachen Auswege, sprich: Struktur- und Fiskalprobleme können nicht mehr durch das Abwerten einer eigenen Währung oder durch den Eingriff einer allzu willfährigen eigenen Zentralbank ausgeglichen werden.

Wenn ein Land im internationalen Wettbewerb zurückfällt, hat es zwei Chancen. Es kann die eigentlichen Ursachen seiner Malaise angehen. Dafür kann es notwendig sein, dass die Arbeitnehmer sich bei den Löhnen zurückhalten, die Unternehmen bessere Güter und Dienstleistungen anbieten sowie ihre Herstellungskosten senken müssen und dass der Staat die Wirtschaft von übertriebenen Regulierungen oder Steuern entlasten muss. Das ist die harte Tour, um im Wettbewerb wieder bestehen zu können. Diese Medizin schmeckt meist bitter.

Oder das Land kann seine Währung abwerten, um seine unverändert zweitklassigen Produkte dann – umgerechnet über den Wechselkurs – billiger als die ausländische Konkurrenz anzubieten und sie so vielleicht doch wieder verhökern zu können. Dies ist zunächst einmal recht schmerzfrei. Der Anstieg des allgemeinen Preisniveaus, der oftmals einer Abwertung folgt, setzt ja vielfach erst ein bis zwei Jahre später richtig ein. Und genau deshalb ist dieser zweite Weg so beliebt. Allerdings doktert ein Land mit einer Abwertung nur an den Symptomen herum, ohne dass sich an der eigentlichen Misere etwas ändert. Die eigentlichen Gründe, weshalb ein Land im internationalen Wettbewerb den Anschluss verloren hat, werden so nicht aus der Welt geschafft. Typischerweise dauert es nur wenige Jahre, bis die Krankheit wieder ausbricht. Eine erneute Abwertung droht dann die Inflation nochmals anzuheizen.

Die westdeutsche Wirtschaftsgeschichte bietet viel Anschauungsunterricht für die Vorteile, die ein Land daraus ziehen kann, wenn es sich den Härten des Wettbewerbs stellt, statt immer wieder auf den einfachen Ausweg der Abwertung zu setzen. Seit 1960 hat sich die D-Mark im Trend gegenüber nahezu allen anderen westlichen Währungen immer weiter aufgewertet. Der hohe Außenwert hat die ausfuhrorientierte deutsche Industrie immer wieder vor Probleme gestellt. Aber genau dies hat deutsche Unternehmen dazu gezwungen, immer besser zu werden. Mit höherer Qualität, neuen Produkten und innovativen Herstellungsverfahren haben sie es geschafft, ihre Marktanteile auszubauen, auch wenn die starke deutsche Währung der ausländischen Konkurrenz häufig mal einen kurzzeitigen Preisvorteil verschafft hat.

Ähnlich verhält es sich mit dem Euro. Länder, die in Schwierigkeiten geraten, können nicht mehr abwerten. Ihnen bleibt letztlich keine andere Wahl. Sie müssen ihre Probleme energischer angehen, als dies der Fall wäre, wenn sie noch über nationales Geld mit eigenem Leitzins und eigenem Wechselkurs verfügten.

Dies erklärt bereits zu einem erheblichen Teil, weshalb die Währungsunion auf Dauer Wirtschaftsreformen in den schwachen Mitgliedsländern fördert. Die Reformen werden durch das Korsett des Euro weder leichter noch schmerzloser. Aber sie werden unumgänglicher. Dazu kommen andere Gründe für einen ausgeprägten Reformdruck, die sich aus der Natur der Währungsunion und ihres politischen Gefüges ergeben.

Die wohl unabhängigste Zentralbank der Welt

Keine Zentralbank der Welt genießt einen so hohen Grad an Unabhängigkeit wie die Europäische Zentralbank. Im Gründungsdokument der Währungsunion, dem Vertrag von Maastricht, ist diese Unabhängigkeit formal verankert. Wichtiger als dieser formale Gesichtspunkt ist, dass die EZB politischen Druck wesentlich weniger fürchten muss als jede andere Zentralbank der Welt.

Andere Länder haben eine Zentralbank und einen Finanzminister. In der Euro-Zone steht die EZB den 17 Finanzministern der 17 Mitgliedsländer gegenüber, die sich selten einig sind. Die Währungshüter können es sich leisten, die Wünsche und Begehren jedes einzelnen Finanzministers weitgehend zu ignorieren. In den USA ist es üblich, dass Finanzminister und Zentralbankchef sich regelmäßig unter vier Augen zum Frühstück treffen. Was sie da bekungeln mögen, wissen nur sie. Je gemütlicher diese Treffen sind, umso gefährlicher können sie werden. In der Europäischen Währungsunion kann es solche Vieraugengespräche mangels eines Euro-Finanzministers erst gar nicht geben.

Andernorts wissen die Zentralbanken, dass ein einfacher Akt des nationalen Gesetzgebers genügen würde, ihr Mandat zu ändern, ihre Unabhängigkeit aufzuheben oder das Berufungsverfahren für ihre Entscheidungsträger zu manipulieren. Ein ganz leiser Hinweis auf diese Möglichkeiten vermag, wenn die Zentralbank sich allzu hartnäckig den Wünschen der Regierung widersetzt, erheblichen Druck auf sie auszuüben.

Auch das ist in der Euro-Zone kaum möglich. Denn jede Änderung an Aufbau und Mandat der EZB, wie sie im Maastricht-Vertrag festgeschrieben sind, müsste von allen 27 Mitgliedsländern der Europäischen Union einstimmig ratifiziert werden. In einigen Ländern wie Irland wäre dafür vermutlich sogar ein Referendum nötig. Das ist eine sehr hohe Hürde, die es anderswo nicht gibt. In der Praxis heißt dies, dass jeweils das Mitgliedsland, das am meisten stabilitätsorientiert ist, jegliches Aufweichen des bestehenden EZB-Mandats verhindern kann. Deshalb ist es nahezu unmöglich, der EZB glaubwürdig damit zu drohen, ihr Mandat oder das Berufungsverfahren ihrer Entscheidungsträger ändern zu wollen.

Natürlich handelt die EZB nicht im luftleeren Raum. Nein. Sie ist Teil des wirtschaftspolitischen Gefüges. Sie berät Regierungen. Als Mitglied der Troika fällt sie mit der EU-Kommission und dem Internationalen Währungsfonds das Urteil über die Spar- und Reformfortschritte in den Randländern Europas, die um Hilfe bitten mussten. Aber die Frankfurter Währungshüter können selbst entscheiden, was sie tun und sagen, deutlich freier von politischem Druck als ihre Kollegen in jeder anderen Zentralbank der Welt.

Irren ist menschlich, auch die EZB macht Fehler. Aber dass sie sich einspannen ließe, um aus politischer Gefälligkeit die Preisstabilität aufs Spiel zu setzen, ist wenig wahrscheinlich. Aufbau und Mandat der EZB legen es nahe, dass sie ihre Entscheidungen, im Notfall auch zu besonderen Notmaßnahmen zu greifen, vor allem nach eigenem Gutdünken und mit Blick auf ihr eigenes Mandat treffen kann und trifft. In diesem Sinne sind auch all die

Sondermaßnahmen zu verstehen, zu denen die EZB seit Beginn der Lehman- und dann der Euro-Krise gegriffen hat. Sie sind umstritten und nicht frei von Risiken. Aber wie wir in Kapitel X darlegen werden, lassen sie sich mit dem Auftrag der EZB sowohl erklären als auch rechtfertigen.

Reformpeitsche Euro

Die Europäische Währungsunion ist weit mehr als ein wirtschaftlicher Zweckverband. Im Kern ist sie ein politischer Verbund von eng befreundeten Nachbarstaaten, der einer Familie gleicht. Mit schwarzen Schafen, nervigen Tanten und mancherlei Turbulenzen. Aber eben eine Familie, die doch zusammenzuhalten versucht. Und die dafür gute Gründe hat. Mit dem Aufbau gemeinsamer Institutionen, der 1951 mit der Europäischen Gemeinschaft für Kohle und Stahl (Montanunion) begann, hat Europa erfolgreich die Lehren aus der verheerenden Geschichte zweier Weltkriege gezogen.

Aus dem gemeinsamen Interesse an Frieden und Wohlstand und den gemeinsamen Erfahrungen ergibt sich eine gewisse gegenseitige Solidarität. Dazu kommt ein ganz praktisches Argument: Gute Nachbarn helfen sich, zumal wenn sie wissen, dass sie auch in 50 Jahren noch im gemeinsamen Haus leben werden. Seiner Geschichte und seiner geografischen Lage kann kein Land entkommen.

Deshalb ist es nur folgerichtig, dass nach dem Ausbruch der Euro-Krise die Länder, die über die gemeinsame Währung ihr Schicksal besonders eng miteinander verknüpft haben, schrittweise neue Wege gesucht und gefunden haben, um sich gegenseitig zu stützen. Die zeitweilig Starken helfen den zeitweilig Schwachen. Aber die Hilfskredite zwischen Mitgliedsländern der Währungsunion unterscheiden sich fundamental von den wesentlich umfangreicheren Transfers, die typischerweise innerhalb eines Nationalstaates gezahlt werden.

In der Euro-Zone werden Hilfen nur gegen Bedingungen gewährt. Denn anders als in einem Nationalstaat kontrollieren in der Euro-Zone die Geber sowohl die Hilfen als auch die Bedingungen, zu denen diese Hilfen gewährt werden. Der Grund dafür ist verblüffend einfach. Er liegt in der politischen Struktur. In der Euro-Zone hängen die handelnden Politiker von den Wählern ihrer jeweiligen Heimatstaaten ab, nicht von den Wählern einer gesamteuropäischen Einheit. Ob und zu welchen Bedingungen Deutschland Hilfen für Spanien zustimmt, entscheiden letztlich Bundestag und Bundesrat. Und ob sie dabei den von Deutschland gesetzten Rahmen beachten, überwacht das Bundesverfassungsgericht. Die Wähler in Spanien haben keinen Einfluss auf diese Entscheidungen. Allgemeiner gesagt: In der Euro-Zone nehmen die Empfänger von Hilfen nicht an den Wahlen und dem politischen Prozess im Geberland teil. So kann Deutschland beispielsweise alle europäischen Hilfsprogramme für die Randländer aus dem zeitweiligen Rettungsfonds (EFSF) und dem neuen Dauerfonds (ESM) jederzeit blockieren.

Damit unterscheiden sich die Mechanismen zur gegenseitigen Hilfe in der Euro-Zone grundlegend von der Transferunion, die es in einem Nationalstaat gibt. Im Nationalstaat nehmen die Empfänger an den Wahlen teil, die für die politischen Entscheidungen der Geber maßgeblich sind. So bestimmen zum Beispiel die Wähler im Saarland und in Bremen genauso über den Länderfinanzausgleich wie die Wähler in Bayern. Bei ihren Entscheidungen müssen die handelnden Politiker im Bund auf die Wähler in den Empfängerländern ebenso Rücksicht nehmen wie auf die Wähler in den Geberländern. Entsprechend ist es politisch fast unmöglich, die Auswüchse der innerdeutschen Transferunion zu korrigieren. Bayern kann zwar das Bundesverfassungsgericht anrufen, das aber in all seinen Entscheidungen ausdrücklich den

Grundsatz der einheitlichen Lebensverhältnisse zu berücksichtigen hat. Bayern kann nicht einfach den Bund-Länder-Finanzausgleich stoppen oder mit einer entsprechenden Drohung die chronischen Empfängerländer auf Kurs bringen. Der Deutsche Bundestag kann dies gegenüber Spanien jederzeit.

Nach ökonomischen Maßstäben setzt das System der bedingten Hilfe, das sich schrittweise in der Euro-Zone herausbildet, bessere Anreize – auch gegen Fehlverhalten – und ist weit effizienter als jeder nationale Finanzausgleich. Weil die Geber die Bedingungen setzen und das Einhalten der Bedingungen kontrollieren, ist die Wahrscheinlichkeit, dass das Geld gut genutzt und dereinst zurückgezahlt wird, wesentlich größer, als dies jemals innerhalb eines Nationalstaates der Fall sein könnte. Das böse Wort von der Transferunion passt zwar auf die Verhältnisse zwischen Bayern und Bremen. Aber auf die sich entwickelnde Wirtschaftsordnung in der Europäischen Währungsunion passt es in keiner Weise.

Im Gegenteil. Wenn wir den innerdeutschen Finanzausgleich nach dem Vorbild des Euro-Rettungsschirmes EFSF umgestalten könnten, wenn wir also Bayern ein Vetorecht über die Höhe der Staatsausgaben in Berlin, Bremen und dem Saarland einräumen würden, würden wir dort wohl manchen unvermuteten Reformeifer erleben können. Man stelle sich einmal vor, eine Troika aus Bundesbank, bayerischem Rechnungshof und hamburgischem Finanzsenator hätte das letzte Wort darüber, ob Bremen, Berlin und das Saarland bis zum Ausgleich ihrer Länderhaushalte ihre Pensionen um 20 Prozent kürzen und für alle öffentlichen und privaten Arbeiter und Angestellten das Urlaubs- und Weihnachtsgeld streichen müssten.

Wenn sich, wie gezeigt, die Politiker und Zentralbanker im Korsett der Gemeinschaftswährung auf Dauer stabilitätsbewusster verhalten können und müssen, als das in Nationalstaaten außerhalb des Euro der Fall ist, drängt sich die Frage auf: Wie kann es sein, dass der Euro im Sturm einer Schuldenkrise zu zerbrechen droht, während im Nationalstaat USA höchstens ein laues Lüftchen weht? Dieses Paradox des Euro werden wir in den kommenden Kapiteln ergründen.

Dabei müssen wir einige ganz verschiedene Erzählstränge zusammenführen. Nicht alle diese Stränge beginnen in Europa. Wir müssen nachdenken über die ganz normale Unvernunft der Menschen, die ab und an gerne zwischen naiver Leichtgläubigkeit und übertriebenem Misstrauen schwanken. Wir werden Helikopter-Ben begegnen, wie er kopfüber über die Chinesische Mauer fliegt. Wir werden in einen Abgrund am Rande der Wall Street starren, bevor wir uns kurz an der Costa Brava sonnen, um uns nach einem Umweg über die Akropolis schließlich entscheiden zu müssen, ob wir uns bei der EZB an der Frankfurter Kaiserstraße oder doch lieber bei der Bundesbank am Dornbusch einnisten möchten. Ganz nebenbei können wir einiges lernen über das Wesen unseres Geldes. Auch der Einsicht, dass gut gemeint das Gegenteil von gut gemacht sein kann, werden wir mehrfach begegnen.

Kapitel III: So unvernünftig wie du und ich – Zur Natur der Finanzmärkte

Auf den Finanzmärkten handeln Menschen mit Geld, sie leihen es sich oder sie legen ihre Ersparnisse an. Auf der Suche nach mehr Rendite oder mehr Sicherheit, nach kurzfristigem Gewinn oder langfristigem Ertrag tauschen sie gerne mal einen Vermögenswert in den anderen. Oftmals übertragen sie einzelne Entscheidungen an echte oder vermeintliche Profis, also an Banken, Versicherungen, Pensionskassen oder andere Sammelstellen, denen sie ihr Kapital mehr oder weniger zweckgebunden anvertrauen und denen sie mal mehr und mal weniger genau auf die Finger schauen.

Aus dem Zusammenspiel der Sparer und Anleger dieser Welt sowie der Verwalter ihres Geldes ergibt sich das Marktgeschehen. Die Menschen, die sich an den Finanzmärkten tummeln, sind Menschen wie du und ich. Sie sind mal lustig und mal traurig, mal vernünftig und mal unvernünftig. Mal verfallen sie der einen Mode, mal laufen sie einem anderen Trend hinterher, mal schlagen sie über die Stränge, mal ziehen sie sich in die Askese zurück. Der Mensch ist nun einmal so, wie er ist. Die Krönung der Schöpfung als seelenlosen Automaten zu verstehen, der immer »rational« denkt und handelt, konnte wohl nur modellverliebten Akademikern für ihre volkswirtschaftlichen Lehrbücher einfallen. Entsprechend sind auch Märkte nicht immer vernünftig. Dort spiegeln sich die Hoffnungen und Ängste, der Verstand und Unverstand all der Menschen, die sich an diesen Märkten beteiligen. Wenn ein Zahnarzt aus Lübeck sich entschließt, Gold zu kaufen und dafür all seine Aktien abzustoßen, ist das nur ein Minimalstbeitrag zum Geschehen an den Märkten. Wenn viele dies tun, prägt es den Trend.

Menschen versuchen, nach bestem Wissen und Gewissen zu handeln. Aber es ist selten einfach, aus der nahezu endlosen Flut von Informationen Erkenntnisse zu gewinnen. Es ist anstrengend, zeitraubend und nicht immer erfolgreich. Um sich einfacher in der Welt orientieren zu können, greifen sie oftmals auf zwei miteinander verwandte Hilfsstrategien zurück: Sie lassen sich von Modewellen treiben, und sie orientieren sich an dem, was andere tun – Herdentrieb. Das Handeln in großen Gruppen zahlt sich oftmals für einige Zeit aus. Wenn Leute Aktien kaufen, neigen andere dazu, ihnen zu folgen. Erstens kann es ja sein, dass die anderen recht haben: Es lohnt sich wirklich, jetzt Anteilsscheine an Unternehmen zu erwerben. Zweitens haben die anderen durch ihre Käufe den Preis für Aktien ja bereits nach oben getrieben und damit denjenigen, die zuerst Aktien gekauft und so den Trend gestartet haben, einen satten Buchgewinn beschert. Wirkt der Herdentrieb stark genug, kann es allmählich zu einer Übertreibung kommen, bis die Blase platzt. Im Schreck über die dann entstehenden Verluste ziehen sich die Anleger oft so vehement aus der einst so verheißungsvollen Anlage zurück, dass die Kurse zunächst einmal weit unter den Wert fallen, den sie bei nüchtern-langfristiger Sicht eigentlich haben müssten. Menschen und Märkte übertreiben in beide Richtungen.

Aufgrund des gelegentlichen Herdenverhaltens der Menschen, die einander in ihrer Euphorie oder Angst anstecken können, müssen wir auch in Finanzkrisen zwischen zwei völlig verschiedenen Gefahren unterscheiden: Zum einen gibt es das eigentliche Problem wie beispielsweise eine platzende Vermögensblase oder einen überschuldeten Staat, der den Zugang zum Kapitalmarkt verloren hat. Zum anderen kann es zu einer irrationalen Massenpanik der Anleger kommen, die von einem solchen Problem ausgelöst werden kann.

Um den Unterschied zu verdeutlichen: Wenn jemand in einem voll besetzten Saal »Feuer« schreit, mag die Warnung tatsächlich auf ein gefährliches Feuer hinweisen. Aber in dem überstürzten Versuch aller Anwesenden, gleichzeitig aus dem Saal zu fliehen, können die Menschen einander zu Tode trampeln. Diese zweite Gefahr besteht unabhängig davon, ob sich der Schrei im Nachhinein als Fehlalarm entpuppt oder nicht.

Dass Finanzmärkte übertreiben können und dass eine Massenpanik Schäden anrichten kann, die weit über den eigentlichen Anlass hinausgehen, gehört zu den Erkenntnissen, die wir an dieser Stelle festhalten müssen. Als Nächstes kommen wir zu den Besonderheiten der europäischen Finanzmärkte, die sich aus dem Zusammenspiel zwischen Einheitsgeld und einer Vielzahl verschiedener Mitgliedsstaaten ergibt.

Die Besonderheiten des Euro

Die Rolle von Staatsanleihen in modernen Finanzsystemen

Moderne Finanzsysteme ähneln in ihrem Aufbau einem Sonnensystem. Um einen ruhenden Pol in der Mitte gruppieren sich in unterschiedlichen Abständen verschiedene Planeten. Auch ein Trümmerfeld, vornehm Asteroidengürtel genannt, sowie Querschläger namens Kometen gehören dazu.

Der ruhende Pol eines Finanzsystems ist der Vermögenswert, der als weitgehend risikofrei gilt. Früher nannte man das »mündelsicher«. In den Finanzsystemen entwickelter westlicher Länder sind dies die Anleihen des eigenen Staates, also die verbrieften und auf dem »Rentenmarkt« frei handelbaren Staatsschuldtitel. Teils aus eigenem Wunsch, teils erzwungen von den nationalen Aufsichtsbehörden halten Banken und Versicherungen einen erheblichen Teil ihrer Reserven in solchen Staatsanleihen. Die Preise vieler anderer Vermögenswerte werden oftmals relativ zu diesen Anleihen berechnet. So werden beispielsweise Unternehmensanleihen gemäß ihrem »Risikoaufschlag« bewertet. Das ist die zusätzliche Rendite, die ein Unternehmen im Vergleich zu seinem Nationalstaat bieten muss, damit Anleger die Anleihen des Unternehmens zeichnen oder sie später im freien Handel erwerben.

Natürlich sind Staatsanleihen niemals völlig risikolos. Selbst kurzlaufende Anleihen, die hochliquide sind und deren Marktkurs sich während der Laufzeit der Papiere meist nur geringfügig ändert, weisen grundsätzlich zwei große Risiken auf. Der Schuldner, der Staat, kann den Schuldtitel nicht zurückzahlen. Das ist das »Insolvenzrisiko«. Oder für Käufer, die aus einem anderen Währungsgebiet stammen, kann sich der Wechselkurs ändern. Wenn dies geschieht, sind die Zinskupons und vor allem der spätere Rückzahlungsbetrag in der Heimatwährung der Käufer dann weniger (oder mehr) wert als beim Kauf der Papiere. Das ist das »Wechselkursrisiko«.

Zudem gibt es für Wertpapiere ein weiteres Risiko, das auch dann eintreten kann, wenn der Schuldner all seinen Verpflichtungen aus dem Wertpapier gewissenhaft nachkommt. Preise können sich ändern, sowohl die allgemeinen Verbraucherpreise als auch die Preise für bestimmte große Anschaffungen. Hat ein Anleger beispielsweise zehn Jahre lang gespart, um sich später ein Haus zu kaufen, kann es sein, dass nach Ablauf dieser zehn Jahre Häuser insgesamt so teuer geworden sind, dass das Ersparte nicht ausreicht. Oder eine allgemeine Inflation kann die Kaufkraft des Ersparten so geschmälert haben, dass der Sparer trotz der zwischenzeitlich kassierten Zinsen sich am Schluss weniger leisten kann, als er es erwartet hatte – oder sogar weniger, als er sich vorab von dem Geld hätte kaufen können. Dies ist das »Inflationsrisiko«.

Für einen Nationalstaat ist das Insolvenzrisiko im Regelfall sehr klein. Denn der Staat ist auch Herr der Zentralbank. Dieser

Zentralbank hat der Staat das Monopol auf die Herausgabe des gesetzlichen Zahlungsmittels eingeräumt. Als Eigentümer der Notenpresse kann der Staat deshalb dafür sorgen, dass er seine auf eigene Währung lautenden Staatsschulden immer bedienen kann, notfalls in frisch gedrucktem Geld. Inländische Anleger, die Staatsanleihen zeichnen, gehen ein Inflationsrisiko ein; ausländische Anleger müssen mit einem Wechselkursrisiko rechnen. Aber die Gefahr, dass der Staat in seiner heimischen Währung seine Staatsanleihen nicht bedienen kann, ist gering. In diesem speziellen Sinne gelten inländische Staatsanleihen in heimischer Währung als »risikolose« Anlage. Mit dieser Begründung neigen die ebenfalls staatlichen Aufsichtsbehörden dazu, den Bestand solcher Staatsanleihen in den Büchern der heimischen Banken und Versicherungen als »risikolos« zu behandeln und ihnen vorzuschreiben, einen großen Teil ihrer Rücklagen in solchen Anleihen anzulegen.

Vom nationalen Finanzmarkt zum Euro

Mit dem Übergang zur Gemeinschaftswährung hat sich Anfang 1999 das Wesen der Finanzmärkte in der Euro-Zone stärker geändert, als das vielen Beobachtern damals klar war.

Einige Änderungen waren offensichtlich. Mit dem Euro entfiel das Wechselkursrisiko innerhalb des neuen Verbundes. Staaten wie Spanien und Italien, die bis dahin eher unter Abwertungsverdacht standen, bescherte dies zusätzliche Auslandsnachfrage nach ihren Vermögenswerten, auch nach ihren Staatsanleihen. Gleichzeitig ging das Inflationsrisiko innerhalb des Währungsverbundes mit dem Übergang zum Euro zurück, weil kein Staat mehr eigenständig Inflation machen konnte. Für Länder, in denen das Inflationsrisiko ohnehin als relativ gering galt, also für Deutschland, Österreich und die Niederlande, zeigte sich dies in den Kursen für ihre Wertpapiere kaum. Für andere Staaten mit traditionell höherem Inflationsrisiko schlug sich diese Veränderung dagegen darin nieder, dass Anleger eine weit geringere Risikoprämie für den Kauf und das Halten ihrer Wertpapiere forderten.

Der Vorteil der Währungsunion drückt sich also in einer insgesamt weit geringeren Risikoprämie aus. Diese theoretische Überlegung zeigte sich auch sehr eindrucksvoll beim Übergang zur Währungsunion. Wobei die Risikoprämie natürlich nicht schlagartig am 1. Januar 1999 entfiel, sondern sich bereits vorab deutlich zurückbildete, als Anleger den kommenden Beginn der Währungsunion immer mehr in ihre Überlegungen einbauten.

Ein Gesichtspunkt wurde aber sowohl in der theoretischen Diskussion über die Gemeinschaftswährung als auch in den Kursen für Wertpapiere innerhalb der Währungsunion lange Zeit weitgehend vernachlässigt. Für das Gesamtrisiko, das Anleger beim Kauf von Staatsanleihen aus Euro-Mitgliedern eingehen, erwies sich der Übergang zur Währungsunion letztlich als zweischneidiges Schwert. Denn der Euro brachte das Insolvenzrisiko zurück, das es sonst für Staatsanleihen in einem Nationalstaat praktisch nicht gibt. Anders als in einem Nationalstaat mit eigener Währung kann der staatliche Schuldner in der Währungsunion seine Verbindlichkeiten ja nicht in einer Währung zurückzahlen, die er zur Not selbst drucken kann.

Dazu kommt, dass mit dem Verlust der geldpolitischen Souveränität auch das Risiko von Bankenkrisen steigt. Denn ein Mitgliedsland der Währungsunion kann im Ernstfall seine Banken nicht selber zuverlässig stützen. Schließlich hat es keine eigene Zentralbank mehr, die mit selbst geschaffenen Mitteln den Banken Liquidität oder sogar Kapital zur Verfügung stellen könnte. Im Falle einer Bankenkrise könnte der Staat sich das Geld zum Stützen seiner Banken also nur auf dem Markt leihen. Allerdings gehen Bankenkrisen oftmals mit Finanzturbulenzen einher, die auch dem Staat den Zugang zum Kapitalmarkt erschweren. In einigen Fällen, wie beispielsweise in Deutschland 2008 und 2009, mag die Hilfe zwar dennoch klappen. Aber die Gefahr, dass ein

Staat ein angeschlagenes Bankensystem nicht mehr aus eigener Kraft wirksam stützen kann, ist in einer Währungsunion wesentlich ausgeprägter als außerhalb.

Vier Unterlassungssünden

Insgesamt ändert der Übergang in eine Gemeinschaftswährung das Risikoprofil für Anleger in zwei Richtungen. Zum einen sind in normalen Zeiten Staatsanleihen und viele andere Wertpapiere von Mitgliedsländern der Währungsunion für Anleger wesentlich attraktiver als vorab, da das Wechselkursrisiko innerhalb des großen Verbundes entfallen ist und das Inflationsrisiko abnimmt. Zum anderen sind im Ernstfall die Märkte für diese Staatsanleihen aber auch wesentlich krisenanfälliger als die Märkte für heimische Staatsanleihen von Ländern mit nationaler Währung und eigener Zentralbank, die notfalls eingreifen kann.

Das Risikoprofil wird damit extremer, als es vorher war: weniger Risiko im Normalfall, aber erhöhte Risiken im Fall einer echten Finanzkrise. So gesehen hat Europa beim Aufbau seiner Währungsunion vier Fehler gemacht, die lange übersehen wurden:

1. Da diese erhöhte Anfälligkeit für Finanzkrisen lange nur unzureichend verstanden wurde, hat sie nicht von Anfang an dazu geführt, wesentlich striktere Regeln für die Staatshaushalte der Mitgliedsländer durchzusetzen. Die Regeln, die Deutschland 1998 im Stabilitäts- und Wachstumspakt verankert hatte, waren zwar sinnvoll, reichten aber nicht aus. Die Probleme der Länder, die zwar ihren laufenden Staatshaushalt ausgleichen konnten, sich aber mit dem rasanten Anstieg der privaten Verschuldung im Zuge einer Immobilienblase große Risiken für ihre Finanzstabilität und für künftige Staatshaushalte einhandelten, wurden gar nicht erst erkannt.
2. Europa hat nicht gemerkt, welche Gefahren Deutschland heraufbeschwor, als es im Jahr 2002 den Stabilitätspakt brach und

dann de facto abschaffte. Denn wenn Staatsfinanzen nicht als sonderliches Problem gelten, bleiben gerade in der Währungsunion die Risikoprämien ja sehr gering. Sollte aber irgendwann einmal ein Mitglied der Gemeinschaftswährung ins Zwielicht geraten, könnte die Reaktion der Märkte umso heftiger ausfallen.

3. Kaum jemand hatte damit gerechnet, dass Anleger so schreckhaft sein können, wie sie es nach der Lehman-Katastrophe geworden sind. Auf das Risiko, dass es in einer Finanzkrise die Währungsunion besonders heftig treffen könnte, war niemand vorbereitet.
4. Die Euro-Zone hat versäumt, die gemeinsame Geldpolitik durch eine gemeinsame Aufsicht für Banken und gemeinsame Regeln für das geordnete Abwickeln angeschlagener Institute abzusichern. Eine Währungsunion ohne Ansätze zu einer Bankenunion dieser Art ist besonders anfällig für Ansteckungsgefahren, die von strauchelnden Banken ausgehen oder übertragen werden können.

Kapitel IV: Die globale Vorgeschichte der Krise

Helikopter-Ben und der China-Effekt

Zu Beginn der 1990er Jahre duften wir eine der wohl größten Revolutionen in der Wirtschaftsgeschichte der Menschheit erleben. Innerhalb weniger Jahre öffnete sich das chinesische Riesenreich dem Weltmarkt, brach der Kommunismus in Mittel- und Osteuropa zusammen und lockerte selbst Indien den Würgegriff seiner Wirtschaftsbürokratie. Etwa die Hälfte der Menschheit erhielt so die Erlaubnis, durch eigenen Fleiß ihrer oftmals bitteren Armut zu entkommen. Einige westliche Unternehmen verlegten die Teile des Fertigungsprozesses, die besonders viel Arbeitseinsatz erforderten, nach Asien oder Ostmitteleuropa. Andere Unternehmen konnten sich mit dem Verkauf von Maschinen und anderen Qualitätsgütern in diese aufstrebenden Länder neue Absatzmärkte erschließen.

Mit Hilfe all der neuen Arbeitskräfte wuchs die gesamtwirtschaftliche Produktion in der Welt rasch, vor allem aber nicht nur in China und anderen Schwellenländern. Gleichzeitig sorgten die härtere Konkurrenz auf den Märkten und der gerade von China und Ostmitteleuropa ausgehende Zwang zur Lohnmäßigung dafür, dass sich der Preisauftrieb in den westlichen Ländern spürbar verlangsamte.

Eigentlich hätte das für Bürger und Wirtschaftspolitiker in den westlichen Industrieländern ein Grund zu großer Freude sein müssen. Aber gerade in den USA sah man dies ganz anders. Nach der milden Rezession von 2001 erholte sich die Wirtschaft dort zunächst etwas weniger schnell, als die verwöhnten Amerikaner es sich erhofft hatten. Wie üblich nahm der Preisdruck beim Ausklang der Rezession spürbar ab. Da die Inflationsrate als Folge des China-Effekts ohnehin sehr niedrig war, kamen die USA mit dem weiteren Rückgang der Inflation sehr nah an die Situation eines stabilen Preisniveaus. Jetzt schrillten für Helikopter-Ben die Alarmglocken.

Professor Ben Bernanke war und ist einer der angesehensten Volkswirte der USA. Er hat sich intensiv mit den Ursachen der großen Weltwirtschaftskrise von 1929 sowie Japans verlorenem Jahrzehnt nach 1990 beschäftigt. Daraus hat er völlig zu Recht einen Schluss gezogen: Die Zentralbank muss verhindern, dass eine Finanzkrise die Wirtschaft in eine nachhaltige Deflation stürzt, also in eine Zeit sinkender Preise und Löhne. Denn wenn die Menschen erwarten, dass Preise in absehbarer Zeit niedriger sein werden als heute, warten sie mit ihren Einkäufen. Und wenn sehr viel weniger Leute einkaufen gehen, brechen massenhaft Unternehmen zusammen, die ihre Güter nicht absetzen können. Die steigende Arbeitslosigkeit verringert die Einkommen der Menschen, die deshalb noch weniger kaufen können und wollen als vorher. Dies wiederum verstärkt den Abwärtsdruck auf Preise und Löhne. Es kann für einige Zeit ein richtiger Teufelskreis einsetzen. In einer viel beachteten Rede im Jahr 2002 argumentierte Bernanke, notfalls müsse die Zentralbank frisch gedrucktes Geld aus dem Hubschrauber auf die Menschen herabregnen lassen, damit sie endlich wieder Geld ausgeben und den Einbruch der Nachfrage und des Preisniveaus stoppen. Das mit dem Helikopter war nicht ganz wörtlich gemeint, hat sich aber als überspitzte Aussage eingeprägt.

Seit August 2002 saß Helikopter-Ben auch im geldpolitischen Rat der amerikanischen Zentralbank. Als in den Jahren nach 2001 der Preisauftrieb in den USA immer weiter nachließ, wurde ihm immer mulmiger. Drohte da eine Deflation? Sein Chef, der ebenfalls akademisch hochverdiente Notenbankpräsident Alan Greenspan, teilte seine Sorgen. Um der vermeintlichen Gefahr einer Deflation zu begegnen, senkte die US-Notenbank deshalb im Juni 2003 ihren Leitzins auf nur noch ein Prozent.

Leider verbarg sich dahinter ein grandioses Missverständnis. Denn gefährlich kann ein solch rückläufiger Preisauftrieb nur dann werden, wenn er auf einem Mangel an Nachfrage beruht. Die Menschen kaufen nicht genug. Aber in diesem Fall hatte ja das zunehmende Angebot an billiger Arbeit aus China und anderen Schwellenländern, umgesetzt in niedrige Preise für die Einfuhr arbeitsintensiver Güter, den Preisdruck ausgelöst. Ein solch zunehmendes Angebot ist für das einführende Land ein Vorteil und keine Gefahr. Die Menschen können sich mehr leisten von ihrem hart verdienten Geld.

Die US-Notenbank hatte also beim Blick auf das Symptom eines nachlassenden Preisdrucks die falsche Diagnose gestellt. Sie setzte das Medikament der Niedrigstzinsen ein, obwohl die USA statt unter einem gefährlichen Nachfragemangel zu leiden, von einem reichlicheren Angebot billiger Einfuhrgüter profitieren konnten. Die Folgen dieser Fehldiagnose zeigten sich in den Jahren danach.

Die große Immobilienblase

Was passiert, wenn eine Notenbank ihre Leitzinsen künstlich niedrig hält, obwohl es der Konjunktur gar nicht so schlecht geht? Richtig, die Menschen nehmen bei ihrer Bank günstige Kredite auf. Häufig heizt dann eine größere Nachfrage nach Gütern und Dienstleistungen die Inflation an. Das war aber in den USA nach 2003 nicht der Fall, auch dank des reichlichen Angebots billiger Güter aus China. Mangels Inflation sah die Zentralbank lange Zeit keinen Grund, ihre Zinspolitik wieder zu straffen.

Statt bei den Verbraucherpreisen zeigte sich die Wirkung vor allem dort, wo die Menschen ohnehin dazu neigen, auf Pump zu kaufen: auf dem Wohnungsmarkt. Dank der Niedrigstzinsen bei passabler Lage auf dem Arbeitsmarkt konnten sich immer mehr Amerikaner ein Haus – oder ein größeres Haus oder vielleicht auch ein Zweit- oder Dritthaus – zulegen. Der Wohnungsbau blühte, die Preise für Immobilien kletterten immer weiter in die Höhe. Und wie das nun mal ihre Art ist, gaben die Geschäftsbanken die Niedrigstzinsen gerne an ihre Kunden weiter. Da der vermeintliche Wert der Häuser, die sich die Banken als Kreditsicherheiten verpfänden ließen, immer weiter stieg, sahen die Banken immer weniger Grund, auf die Kreditwürdigkeit ihrer Kunden zu achten. Denn fiel der Kredit aus, konnten die Banken schlicht die verpfändeten Häuser übernehmen und mit Gewinn verkaufen.

Mit dem Kreditboom blähte sich auch das Finanzgewerbe in den USA und einigen anderen Finanzzentren der Welt immer weiter auf. Schließlich konnte mit der Schwemme billigen Geldes auch auf anderen Märkten ein schneller Reibach gemacht werden. Banken, die beim lustigen Kreditspiel nicht mitmachen wollten, konnten dies meist nicht lange durchhalten, weil ihre Aktionäre sich beklagten, dass andere Banken bessere Gewinne einfuhren. Etliche der zurückhaltenden Banken wurden von anderen Banken aufgekauft, die das billige Geld zu nutzen bereit waren. Banker sind keine besseren oder schlechteren Menschen als andere auch. Aber sie reagieren auf die Anreize, die man ihnen setzt. Wenn die Notenbank über künstlich niedrige Zinsen falsche Signale sendet, so machen die Banker eben das, was ihnen diese Anreize nahelegen – eine Wahl, die sich im Nachhinein als völlig falsch herausgestellt hat.

Verstärkt wurde der amerikanische Kredit- und Immobilienboom noch durch die zwei großen staatlichen Hypothekenfinanzierer mit den Spitznamen »Fannie Mae« und »Freddie Mac«. Deren Wirken war mindestens so schädlich wie das so mancher deutschen Landesbank, also des Teils der Bankenszene, in dem überehrgeizige Politiker versucht hatten, ihre eigene Art von Provinzkapitalismus durchzuspielen.

Kongress und Regierung in den USA begrüßten es ausdrücklich, dass möglichst viele Amerikaner sich den Traum von den eigenen vier Wänden erfüllen konnten. Gemäß ihrem Auftrag trugen Fannie und Freddie mit günstigen Bedingungen für das Refinanzieren von Hypotheken dazu bei, dass Banken noch mehr Kredite vergeben und noch mehr Bürger Häuser kaufen konnten.

Jede Party hat ein Ende. Nachdem die US-Notenbank zwischen Juni 2004 und Juni 2006 endlich ihre Leitzinsen ganz langsam wieder auf über 5 Prozent angehoben hatte, platzte die Blase. Ab Mitte 2007 ging es im US-Wohnungsbau und bei den Häuserpreisen nach unten. Dabei zeigte sich, dass viele Käufer von Immobilien sich übernommen hatten. Bei weniger gedrückten Zinsen konnten sie ihre Kredite nicht mehr bedienen. Die Banken konnten zwar auf die Häuser zurückgreifen. Aber bei fallenden Preisen reichten die möglichen Verkaufserlöse längst nicht aus, die Kreditausfälle zu ersetzen. Im Bankwesen fielen immer größere Verluste an.

Für die kurzfristige Konjunktur hatte dies wenig überraschende Folgen. Viele Amerikaner, die bei steigenden Preisen für ihr Eigenheim darauf gesetzt hatten, durch den späteren Verkauf des Hauses ihren Lebensabend finanzieren zu können, mussten jetzt wieder sparen und deshalb ihre Ausgaben einschränken. Insgesamt zeichnete sich somit für das Jahr 2008 in den USA eine konjunkturelle Bereinigungskrise ab, wie es sie immer wieder gibt. Aber da zumindest die Ausfuhr gut lief, hatten die USA durchaus Chancen, eine Rezession zu vermeiden. Wäre der US-Wirtschaftspolitik da nur nicht der nächste kapitale Fehler unterlaufen.

Der amerikanische Jahrhundertfehler

Im Jahr 2007 brach mit dem Ende der künstlich gedrückten Niedrigstzinsen auch für die Hochfinanz der Wall Street ein Teil des Geschäftsmodells zusammen. Zudem hatten sich in einigen Instituten Risiken aus dem Immobiliengeschäft gesammelt. Denn viele Banken vor Ort hatten das Verlustrisiko über trickreich gestaltete Wertpapiere verbrieft und weitergereicht, auch an manche Institute an der Wall Street, die selbst den Boom solcher Wertpapiere befeuert und mitgestaltet hatten.

Neben der einen oder anderen Hypotheken- und Regionalbank begannen auch einige Häuser der Wall Street zu wackeln. Generell ist dies weder ungewöhnlich noch unbedingt gefährlich. Das Auf und Ab der Wall Street gehört zum normalen Atmen der Konjunktur.

Im März 2008 ging ein größeres Institut praktisch pleite, die Investmentbank Bear Stearns. Nach kurzer Suche, in die sich auch Notenbank und Finanzministerium einschalteten, fand sich eine Lösung. Bear Stearns wurde von einer anderen Bank, J.P. Morgan, übernommen zu einem Preis, der noch Wochen vorher als lächerlich niedrig gegolten hätte. Die Eigentümer von Bear Stearns, also die Aktionäre, verloren nahezu ihren gesamten Einsatz, das Management wurde weitgehend geschasst, viele Mitarbeiter landeten auf der Straße. Aber die Gesamtwirtschaft berührte dieses geordnete Abwickeln der Pleitefirma kaum.

Mitte September 2008 kam es dann zur Pleite Nummer zwei. Lehman Brothers, einst von deutschen Auswanderern namens Lehmann gegründet und Generationen später zu einem der aggressivsten Häuser an der Wall Street mutiert, musste um Hilfe bitten. Eilig versuchten Notenbank und Finanzministerium an einem Wochenende eine Lösung zu finden. Aber keine andere Bank war noch bereit, für Lehman auch nur einen Cent zu zahlen. Stattdessen verlangten die Bank of America und die Barclays

Bank nach einem hastigen Blick in die Bücher, dass ihnen der amerikanische Staat einen Teil des dort schlummernden Risikos abnehmen möge. Sonst könnten sie es gegenüber ihren Mitarbeitern und Eigentümern nicht verantworten, Lehman auf eigene Kosten aufzufangen.

Jetzt kam es zum Schwur. US-Finanzminister Hank Paulson lehnte eine solche Teilgarantie ab. Schließlich war er, der ehemalige Chef der Investmentbank Goldman Sachs, in der amerikanischen Öffentlichkeit und im Kongress bereits heftig dafür kritisiert worden, zu großzügig gegenüber angeschlagenen Finanzhäusern gewesen zu sein. »Banken auf Kosten der Steuerzahler zu retten« war bereits im September 2008 wenig populär, um es gelinde auszudrücken. Also wurde Lehman Brothers in die Pleite geschickt. Helikopter-Ben, mittlerweile zum Vorsitzenden der amerikanischen Notenbank aufgestiegen, und sein New Yorker Statthalter Tim Geithner ließen es geschehen, ohne selbst mit den Mitteln der Notenbank einen Ausweg zu suchen.

Anfangs war die US-Administration sogar stolz darauf, endlich einmal harte Kante gegenüber der Finanzindustrie gezeigt und Lehman ohne staatliche Subvention in die Pleite geschickt zu haben. Der Stolz dauerte genau einen Sonntag und die erste Stunde des darauffolgenden Montags. Dann begann sich abzuzeichnen, welche Katastrophe die sich wie harte Westernhelden aufspielenden US-Finanzpolitiker angerichtet hatten. Der Weltfinanzmarkt brach auf eine Art zusammen, die sich am besten als Finanzinfarkt beschreiben lässt.

Lehman Brothers war kein Rieseninstitut. Es spielte an der Wall Street in vielen Bereichen nur in der zweiten Reihe hinter Giganten wie Merrill Lynch, Morgan Stanley und J.P. Morgan. Aber es war ein wichtiger Teil des Weltfinanznetzes, über das Banken minütlich Milliardensummen rund um die Welt bewegen. Am Morgen des 15. September 2008 hängten die USA de facto ein Schild vor Lehman: Ab heute geschlossen. Um sich die

Folgen vorzustellen, denken wir am besten an die Zeit zurück, in der es nur wenige Telefongesellschaften gab und nahezu jedes Gespräch über das Festnetz abgewickelt wurde. Nehmen wir an, eines der großen Unternehmen, nennen wir es Nationale Telekom, wäre in Zahlungsschwierigkeiten geraten. Hätten wir bei dem Konkurs gleich das ganze Netz abgestellt, wäre der Telefonverkehr insgesamt zum Erliegen gekommen. Hätten wir dagegen zwar alle Eigentümer auf null gesetzt und das gesamte Management entlassen, dabei aber das Netz weitergeführt, hätte der normale Telefonkunde es kaum bemerkt. Das ist der Unterschied.

Lehman war ein Netzunternehmen. Es einfach zu schließen brachte erhebliche Teile des Weltfinanznetzes zum Erliegen. Andere Banken, die mit Lehman Geschäfte machten, sahen, dass ihr kurzzeitig bei Lehman geparktes Geld in der allgemeinen Konkursmasse landete, statt zu ihnen zurückzukommen. Und für alle Banken, die es noch nicht verstanden hatten, machte eine deutsche Staatsbank namens KfW es noch einmal glasklar: Während sie, wie vor dem Wochenende vereinbart, am Montag früh eine Routinezahlung an Lehman ausführte, kam von Lehman keine Gegenleistung mehr zurück – 320 Millionen Euro waren futsch.

Banken waren sich ab dem 15. September 2008 nicht mehr sicher, ob nicht vielleicht andere Banken auch ins Trudeln geraten und über Nacht geschlossen werden könnten. Der Geschäftsverkehr zwischen ihnen brach teilweise zusammen. Das kleinste Gerücht, eine Bank sei durch US-Immobilien oder durch Beziehungen zu Lehman oder durch was auch immer gefährdet, konnte diese Bank vom weltweiten Kapitalstrom abschneiden und damit zum Niedergang verurteilen. In allen Ländern mit einem entwickelten und international vernetzten Bankensystem, also rund um die industrialisierte Welt, grassierte nach Lehman plötzlich die Angst.

In unsicheren Zeiten neigen Unternehmen dazu, Investitionen zu verschieben, während Privathaushalte auf den Kauf langlebiger Gebrauchsgüter verzichten. Nach der Lehman-Pleite stürzten die Investitionen der Unternehmen und die Auftragseingänge für die Wirtschaft mit einer Geschwindigkeit ab wie seit der Großen Depression Anfang der 1930er Jahre nicht mehr. Einige Lkw-Werke verzeichneten innerhalb von zwei Monaten einen Rückgang der Aufträge für Lastkraftwagen um 95 Prozent.

Selbst im fernen Deutschland, das zu der Zeit keinerlei eigene Probleme im Immobilienmarkt mehr hatte, schlug Lehman wie eine Bombe ein. Innerhalb eines halben Jahres schrumpfte die gesamtwirtschaftliche Leistung um 6 Prozent. Die Industrieproduktion sackte sogar um 21 Prozent ab. Eine solche industrielle Katastrophe hatte es seit dem Herbst 1944 nicht mehr gegeben, als in der Endphase des Zweiten Weltkrieges der alliierte Bombenhagel auf Verkehrswege, Produktionsstätten und ganze Städte seine verheerende Wirkung zu entfalten begann.

Glücklicherweise konnte die deutsche Industrie dank der flexiblen Arbeitszeitkonten und mit Hilfe des neuen Kurzarbeitergeldes ihre Kernbelegschaften weitgehend vom Kollaps der Produktion abschotten. Statt entlassen zu werden, mussten viele Arbeitnehmer lediglich kürzer arbeiten. Auch deshalb hat die deutsche Öffentlichkeit das volle Ausmaß der Lehman-Katastrophe nie richtig wahrgenommen.

In den fünf Monaten nach Lehman versuchte die amerikanische Regierung mit wachsender Verzweiflung nahezu alles, um die Abwärtsspirale in der Wirtschaft zu brechen. Wenige Tage nachdem sie sich geweigert hatte, Lehman Brothers unter Einsatz einer Staatsgarantie von etwa 20 Milliarden Dollar ordnungsgemäß abzuwickeln, statt in einen ungeordneten Konkurs zu schicken, musste sie weit höhere Beträge für andere Konzerne bewilligen, beispielsweise 85 Milliarden Dollar für den großen Versicherungskonzern AIG.[3]

Bis Ende Februar 2009 nahmen die US-Regierung und die Notenbank Hunderte von Milliarden Dollar in die Hand, um mit

Programmen mit den Abkürzungen TARP und TALF Banken zu stützen und die Risiken aus Hypothekenanleihen zu sozialisieren. Selbst ein massives Konjunkturprogramm über 819 Milliarden Dollar, das der Kongress auf Betreiben des neuen US-Präsidenten Barack Obama im Januar 2009 auflegte, erzielte keine nachhaltige Wirkung. Obwohl die US-Notenbanker zudem ihren Leitzins auf nahe null herunterschleusten, stürzte die Wirtschaft weiter ab.

Erst der unkonventionelle Noteinsatz der Notenbank beendete Anfang März 2009 die Panik. Die Federal Reserve Bank (Fed) ließ wissen, sie werde in großem Stil Staats- und Hypothekenanleihen kaufen, bis die Lage sich beruhigt hatte. De facto hat die Fed damit sowohl den US-Staat als auch das Finanzwesen garantiert. Sparer und Anleger wissen, dass die Mittel einer Notenbank praktisch unbegrenzt sind. Schließlich kann sie mit einem Federstrich Liquidität schöpfen oder sogar Geld drucken.

»Don't fight the Fed« – wette nicht gegen die Notenbank – gehört zu den geflügelten Worten am amerikanischen Kapitalmarkt. Mit dem »quantitative easing«, dem Lockern der Geldpolitik über das mengenmäßige Ausweiten der Liquidität in Bankensystem und Wirtschaft durch den massenhaften Kauf von Anleihen, wendete sich im März 2009 das Blatt. Die Sorge, das Weltfinanzsystem könne völlig zusammenbrechen, ließ nach. Unternehmen schöpften Hoffnung und fingen vorsichtig an, wieder Lkws und Maschinen zu bestellen. Dank des radikalen Schwenks der US-Notenbank konnte die deutsche Wirtschaft bereits einen Monat später, im April 2009, den kräftigsten Wiederaufschwung seit langer Zeit einläuten.

Die USA und die Welt haben einen hohen Preis für den Jahrhundertfehler Lehman zahlen müssen. Der Fehler war, Lehman einfach zu schließen. Dies hat das Netz der Weltfinanzströme zerrissen und das Vertrauen der Unternehmen und Bürger, ihr Geld und ihre Bank seien sicher, zerstört. Es geht überhaupt nicht darum, eine Bank zu retten. Wichtig ist, wie die Pleite eines Netzunternehmens abgewickelt wird. Bei Bear Stearns hatten die USA es richtig gemacht, bei Lehman nicht. Richtig wäre es gewesen, die Lehman-Aktionäre ihr gesamtes Kapital verlieren zu lassen, das komplette Management ohne Abfindung (aber mit der Drohung, Fehlverhalten vor Gericht mit hohen Strafen ahnden zu lassen) in die Wüste zu schicken und die Mitarbeiter weitgehend zu entlassen. Aber die laufenden Geschäfte hätten bruchlos und ordnungsgemäß abgewickelt werden müssen. Nicht die Pleitefirma, aber die Geschäftspartner eines Netzunternehmens sind zu schonen. Einfach ein Schild »Ab sofort geschlossen« vor die Tür einer Netzfirma zu hängen war verhängnisvoll. Auf Dauer braucht es ein geordnetes Verfahren zum Abwickeln von Banken, dessen Spielregeln allen Geschäftspartnern vorab so gut bekannt sind, dass selbst eine Bankenpleite mit Verlusten für diese Geschäftspartner ohne übermäßige Ansteckungsgefahren durchgestanden werden kann. Dieses Verfahren gab es damals nicht. Mittlerweile gibt es immerhin Ansätze dazu auf beiden Seiten des Atlantiks, auch in Deutschland.

Es hat schon fast tragische Züge. Gerade der berühmte Professor Ben Bernanke, der so darauf erpicht war, die Fehler der Großen Depression zu vermeiden, hat persönlich daran mitgewirkt, die schlimmste US-Wirtschaftskatastrophe seit 80 Jahren anzurichten: zunächst als Helikopter-Ben durch das Aufblähen der US-Immobilienblase und dann als Präsident der Notenbank durch den falschen Umgang mit der sich anschließenden Finanzkrise.

Natürlich hätte es auch ohne diesen Fehler im Herbst 2008 und im Jahr 2009 erhebliche Probleme in der US-Konjunktur gegeben. Am Immobilienmarkt waren massive Verluste zu verdauen, vermutlich hätte noch so manches US-Finanzinstitut (und die eine oder andere deutsche Hypotheken- und Landesbank) ordnungsgemäß abgewickelt werden müssen. Aber die gesamtwirtschaftlichen Auswirkungen hätten sich durch eine angemessene Geldpolitik leicht eingrenzen lassen. Mehr als eine kleine Konjunkturdelle hätte gerade Deutschland nicht erleiden müssen. Schließlich brummte bereits damals die Ausfuhr nach China und Ostmitteleuropa genug, um einen gewissen Rückschlag im US-Geschäft ausgleichen zu können.

Lehren aus der Lehman-Katastrophe

Warum erzählen wir in diesem Buch über den Euro so ausführlich die Geschichte der Lehman-Rezession? Ohne diese Vorgeschichte können wir weder die Euro-Krise verstehen, noch abschätzen, wie wir sie beherrschen können. Wir können vier wichtige Lehren aus der Lehman-Katastrophe ziehen.

1. Zweitkrise vermeiden

Zunächst einmal hat die Lehman-Krise gezeigt, wie gefährlich der falsche Umgang mit Finanzkrisen sein kann. In der Hektik des Wochenendes vom 13. und 14. September 2008 hätte ein Angebot der US-Regierung an mögliche Übernehmer von Lehman Brothers, sie gegen angemessene Gebühr gegen einen Teil der in den Lehman-Büchern schlummernden Risiken abzusichern, den Kurs der Wirtschaftsgeschichte ändern können. Die Bank of America (oder Barclays) hätten dann Lehman übernehmen und ordnungsgemäß abwickeln können, so wie J.P. Morgan es schon mit Bear Stearns gemacht hatte, ohne dass dies die Konjunktur beeinträchtigt hatte.

Finanzkrisen lassen sich letztlich nicht verhindern, höchstens dadurch, das gesamte Geld- und Finanzwesen abzuschaffen und zum Tauschhandel mit Kaurimuscheln zurückzukehren. Da Menschen wie gesagt dazu neigen, mal in die eine oder andere Richtung zu übertreiben, wird es auch in dem Teil des menschlichen

Verhaltens, der sich an den Finanzmärkten ausdrückt, immer wieder Übertreibungen geben. Schließlich ist die Zukunft unsicher. Wer kann schon genau sagen, was auf Dauer der richtige Preis für eine Aktie oder Immobilie ist?

Durch intelligente Regulierungen lassen sich die Anfälligkeit der Finanzbranche für Krisen und die Gefahren für die Gesamtwirtschaft, die von Finanzbeben ausgehen, mindern. Die wichtigste Lehre aus den Erfahrungen der Depression von 1929 bis 1932 sowie aus der Lehman-Krise ist jedoch, eine Finanzkrise so einzugrenzen, dass es nicht zu einer Abwärtsspirale der Angst kommt, die die gesamte Wirtschaft in die Depression schickt.

2. Hütet euch vor den Fundamentalisten

»Kein Steuergeld für Banken« klingt einleuchtend und ist auch fast immer richtig. Aber wie so oft im Leben gilt auch hier: Es kommt auf die Wirklichkeit an. Wer eine an sich sinnvolle Richtschnur des Handelns fundamentalistisch überhöht und ohne Rücksicht auf die jeweilige Sachlage durchsetzen möchte, kann Katastrophen sondergleichen anrichten. Eine begrenzte Garantie der US-Regierung hätte am 13. September 2008 ein ordnungsgemäßes Abwickeln von Lehman ermöglichen und die Super-Rezession verhindern können. Den kurzen Anflug von Fundamentalismus haben die USA danach bitterlich bereuen müssen. Wer heute unter Berufung auf fundamentalistisch überhöhte Prinzipien fordert, Deutschland möge seine europäischen Partner in ihrer Not einfach im Regen stehen lassen, geht ein ähnliches Risiko ein. Wir wissen nicht, was passieren würde. Aber möchten wir es wirklich darauf ankommen lassen?

3. Im Ernstfall kann nur die Zentralbank das Feuer löschen

In den USA hat erst der massive Notfalleinsatz der Zentralbank die Lehman-Krise beendet. Alle anderen Versuche, die Abwärtsspirale zu stoppen, waren erfolglos. Auch für Europa können wir daraus die Lehre ziehen: Wenn es wirklich ernst wird, kommt es auf die Zentralbank an.

Jeder Spekulant der Welt weiß, dass er nicht gegen eine Zentralbank gewinnen kann, die in eigener Währung eingreifen kann.[4] Kein Finanzminister kann eine Spekulationswelle oder eine Massenpanik der Anleger so stoppen wie eine unabhängige Zentralbank, die dem Publikum das große Machtmittel zeigt, über das nur sie verfügt, also die Notenpresse. Es ist wie bei der Abschreckung: Wenn wir glaubhaft machen, dass wir das große Machtmittel notfalls tatsächlich einsetzen würden, kann schlagartig Ruhe einkehren. Dann erübrigt sich vermutlich der Einsatz.

4. Der falsche Umgang mit Finanzkrisen ist teuer

In den Jahren 2007 und 2008 konnte Deutschland erstmals seit 20 Jahren wieder einen ausgeglichenen Gesamthaushalt aufweisen. Dank der Reformen der Jahre ab 2003 glichen leichte Überschüsse der Sozialversicherungen die geringen Defizite in den Haushalten von Bund und Ländern vollständig aus.

Mit dem Einbruch der deutschen Wirtschaftsleistung um 6 Prozent im Herbst und Winter nach Lehman änderte sich das Bild schlagartig. Gemessen am Anstieg der Staatsschulden, der sich direkt auf diese unnötige Rezession zurückführen lässt, hat diese von den USA ausgehende Wirtschaftskrise die deutschen Steuerzahler rund 300 Milliarden Euro gekostet.

In vielen anderen Ländern der Euro-Zone hinterließ die Krise noch weit größere Löcher in den Staatshaushalten, gemessen an der jeweiligen Wirtschaftsleistung. Denn abgesehen von Deutschland und Italien gönnten sich viele Länder in der Rezession eine bewusst antizyklische Konjunkturpolitik nach angelsächsischem Muster. Um den Einbruch der Unternehmensinvestitionen teilweise auszugleichen, erhöhte der Staat seine Ausgaben. Entsprechend stiegen dort die Staatsschulden noch schneller an als in Deutschland.

Zu allem Übel setzte der Euro-Zwerg Griechenland noch einen drauf. Im Wahljahr 2009 versuchte eine bereits zutiefst unpopuläre Regierung, sich die Gunst der Wähler mit einer Spendierfreude zu erkaufen, die noch über die Konjunkturprogramme hinausging, wie sie beispielsweise in Frankreich, Großbritannien und den USA gang und gäbe waren. Das Ergebnis war ein ausuferndes Defizit im griechischen Staatshaushalt. Bis zur Wahl im September 2009 konnte die alte Regierung es noch mit Mühe und Not verstecken. Als aber dann eine neue Regierung in Athen das Ruder übernahm, musste sie zu ihrem Schrecken erkennen, dass die Kassen völlig leer waren. Mit der Nachricht, das griechische Staatsdefizit liege bei über 13 Prozent statt bei etwa 7 Prozent der Wirtschaftsleistung, begann Ende 2009 die eigentliche europäische Krise.

Kapitel V: Die europäische Vorgeschichte der Euro-Krise

Über Jahrzehnte hinweg haben die Regierungen der westlichen Welt unter dem Beifall ihrer Wähler viel zu viele Schulden angehäuft. Obwohl der Schuldenstand in der Euro-Zone insgesamt geringer ist als in den USA und Japan und selbst Großbritannien die Euro-Zone spätestens 2013 überholen wird, hat auch die Euro-Zone hier ein beachtliches Problem.

Von Anfang an spielte das Thema Staatsschulden in der Diskussion über eine Europäische Währungsunion eine wichtige Rolle. Im Grundsatzbeschluss für ein Gemeinschaftsgeld, dem Maastricht-Vertrag von 1992, bestand Deutschland darauf, seine Währung nur mit Ländern teilen zu müssen, die vorab ihre Staatsfinanzen in Ordnung gebracht haben. Gemessen wurde und wird das an zwei Kriterien. Erstens darf die laufende Neuverschuldung des Staates 3 Prozent der jährlichen Wirtschaftsleistung nicht überschreiten, und zweitens darf die über Jahrzehnte aufgehäufte Staatsschuld insgesamt nicht mehr als 60 Prozent der Wirtschaftsleistung betragen, es sei denn, dass diese Schuldenquote sich dem Referenzwert mit hinreichender Geschwindigkeit annähert.[5]

Bundeskanzler Kohl und seine Berater dachten offenbar, dass sie mit diesen Kriterien vermeintliche Wackelkandidaten wie Spanien, Italien, Portugal und vielleicht auch Belgien aus dem Gemeinschaftsgeld heraushalten könnten. Ihnen schwebte eher eine um Frankreich und wenige andere Kernländer erweiterte Version der bisherigen D-Mark-Zone vor. Diese Zone umfasste neben Deutschland auch Österreich und die Niederlande, die beide schon Jahre vorher ihre nationalen Währungen mit den altmodisch-schönen Namen Schilling und Gulden sowie ihre gesamte Geldpolitik fest an D-Mark und Bundesbank gekoppelt hatten.

Aber wie so oft kam es erstens anders und zweitens als man denkt. Erstens sackte Deutschland immer weiter ab. Da das Land sich auch nach dem Ende des Vereinigungsbooms weigerte, sein allzu großzügiges Sozialsystem westdeutscher Art an die nun vom Erbe der sozialistischen Misswirtschaft mitgeprägten Realitäten anzupassen, verlor es ab 1992 an Wachstumskraft. Die deutsche Schuldenquote schnellte von knapp 40 Prozent im Jahr 1991 auf über 60 Prozent im Jahr 1998 hoch. Die deutsche Verhandlungsposition in allen Fragen rund um die angestrebte Währungsunion hat dies nicht gerade gestärkt.

Und zweitens legten einige der viel gescholtenen Wackelkandidaten nach einer Serie von Wechselkurskrisen ab 1993 einen unerwarteten Spar- und Reformeifer an den Tag. Belgien schaffte es beispielsweise, seine Schuldenquote von 134 Prozent im Jahr 1993 auf 117 Prozent im Jahr 1998 zu drücken. Und zwar ohne Inflation. 117 Prozent war immer noch viel zu hoch, aber es konnte sich nun darauf berufen, dass die Richtung stimme und der Wert sich dem Referenzwert von 60 Prozent doch mit hinreichender Geschwindigkeit annähere, wie im Maastricht-Vertrag gefordert. Italien kam nicht so schnell voran. Aber auch dort ging es mit einem Rückgang von 121 Prozent in 1994 auf 114 Prozent in 1998 ebenfalls in die richtige Richtung. In beiden Ländern waren zudem die laufenden Defizite im Staatshaushalt 1997, dessen Ergebnisse bei den politischen Weichenstellungen für den Euro im Jahr 1998 vorlagen, mit 2,2 Prozent (Belgien) und 2,7 Prozent (Italien) sogar unter den 2,8 Prozent, die der vermeintliche Zuchtmeister Deutschland für 1997 mit hochrotem Kopf vorweisen musste.

Als Deutschland langsam schwante, dass es wohl einer großen Währungsunion mit Belgien, Italien, Spanien und Portugal werde zustimmen müssen, kam Berlin endlich auf die richtige Idee: Entscheidend ist nicht, ob ein Land zu einem willkürlich gewählten Stichtag bestimmten Kriterien genügt. Um dauerhaft eine Stabilitätskultur zu verankern, von der Deutschland sich zu der Zeit leider selbst mit Riesenschritten entfernte, mussten diese Kriterien dauerhaft festgeschrieben werden.

Vor Beginn der Währungsunion hatte Berlin ein gewisses Drohpotenzial: Wenn andere Länder sich zu viele Sünden wider die Stabilität zuschulden kommen ließen, würde Deutschland die D-Mark nicht aufgeben. Aber mit der Währungsunion würde diese Möglichkeit, Druck auf andere Länder auszuüben, wegfallen. Deshalb mussten Regeln her, die Deutschland auch nach 1998 in die Lage versetzten, andere Mitgliedsländer zur Ordnung zu rufen.

So kam es zum Stabilitätspakt. Wie üblich in Europa endeten die nächtelangen Diskussionen in einem Kompromiss. In der Substanz setzte Deutschland sich nahezu vollständig durch. Kurz vor Schluss durfte Frankreich den Vertrag noch in einen Stabilitäts- und Wachstumspakt umtaufen, da sonst die Fiskalregeln der eigenen Öffentlichkeit nur schwer zu präsentieren gewesen wären. Der Pakt sah vor, dass auch nach Beginn der Währungsunion die 3-Prozent-Obergrenze des Maastricht-Vertrages für das Defizit im Staatshaushalt strikt einzuhalten sei, außer im Fall extremer Naturkatastrophen oder wirtschaftlicher Depressionen oder anderer schwerwiegender Störungen, die das Land nicht selbst zu verantworten hat. Da man nun nicht mehr damit drohen konnte, ein Land nicht in die Währungsunion aufzunehmen, sah der Stabilitätspakt stattdessen empfindliche Geldbußen für Defizitsünder vor.

So weit, so gut. Als das kleine Portugal 2001 mit einem Fehlbetrag von 4,8 Prozent die Obergrenze deutlich riss, kam das Defizitverfahren in Gang. Schleunigst bemühte sich Lissabon, seine Haushaltspolitik zu straffen. Der Stabilitätspakt entfaltete seine

Wirkung. Angesichts dieser eingebauten Sicherung namens Stabilitätspakt mag es im Nachhinein sogar nachvollziehbar (wenn auch nicht wirklich verständlich) sein, dass Europa 2001 sogar Griechenland als Mitglied Nummer zwölf in den Euro aufnahm, obwohl Hellas nur mit geschönten Zahlen den Aufnahmebedingungen halbwegs nahe kam.

Aber wieder kam es anders, als Berlin es sich gedacht hatte. Seit 1993 gab es nur ein Land in Europa, das sich mit seiner Wirtschafts- und Finanzpolitik langsam, aber sicher dem Staatsbankrott näherte: Deutschland. Zwar aus einer relativ komfortablen Ausgangslage heraus, aber in Richtung und Geschwindigkeit eindeutig. Relativ zu Deutschland war sogar in Athen der Trend in Wirtschaft und Staatsfinanzen eher mustergültig.

2002 wurde die deutsche Misere unübersehbar. Deutschland selbst verletzte die 3-Prozent-Defizitgrenze. Aber statt sich einem peinlichen Strafverfahren zu unterwerfen, zog es lieber die Notbremse. Selber am Pranger zu stehen war in den Berliner Plänen schlicht nie vorgesehen gewesen. Schließlich stand Deutschland ja unmittelbar vor einer Bundestagswahl, die Rot-Grün dank der Oderflut gerade noch einmal gewann. Gemeinsam mit Frankreich, das sein Glück kaum fassen konnte, setzte Deutschland den Stabilitätspakt außer Kraft. Große Länder können das halt. So geht Machtpolitik.

Damit hatte Deutschland selbst der Währungsunion die entscheidende Sicherung herausgeschraubt. Es ist fast schon erstaunlich, dass in den fünf Jahren danach kaum ein Land diesen von Deutschland ausgestellten Freibrief zur lustigen Schuldenwirtschaft wirklich nutzte. Erst mit der Lehman-Krise schnellten die Fehlbeträge in den Staatshaushalten 2009 so richtig nach oben. Allerdings trug das schlechte Beispiel Deutschlands wohl mit dazu bei, dass die Randländer Europas den Vorteil, den sie aus den gesunkenen Ausgaben für ihren Zinsendienst ziehen konnten, teilweise über großzügige Staatsausgaben verfrühstückten, statt ihn voll zum Abbau ihrer Schuldenquoten zu nutzen. Auch die mangelnde Haushaltsdisziplin in Griechenland und den ungenügenden Reformeifer allerorten hätte Deutschland wohl glaubwürdiger kritisieren können, wenn es sich nicht selbst vorab bis auf die Knochen blamiert hätte.

Die deutsche Wirtschaftsschwäche in den frühen Jahren der Währungsunion hatte weitere fatale Folgen für Europa. Aufgrund seiner Größe ist Deutschland ein so wichtiger Teil des Ganzen, dass es mit seinem Anteil von 27 Prozent den Durchschnitt der Gemeinschaft beeinflusst. Die deutsche Malaise minderte das durchschnittliche Wirtschaftswachstum der Region insgesamt. Mit Rücksicht auf das große Sorgenkind Deutschland musste die Europäische Zentralbank deshalb lange Zeit einen Gemeinschaftszins für die Euro-Zone festsetzen, der für damals wirtschaftlich vitalere, aber kleinere Regionen wie Spanien und Irland viel zu niedrig war.

Den Randländern der Währungsunion hatte der Euro ein weit niedrigeres Zinsniveau beschert, als sie es bis dahin gewohnt waren. Dazu kam noch ein mit Rücksicht auf das kranke Deutschland gedrückter Leitzins der EZB. Das Ergebnis war in einigen Randländern ein kreditgetriebener Immobilienboom, der in der Zeit bis 2007 in Spanien und Irland ähnlich schlimm ausfiel wie gleichzeitig bei den angelsächsischen Stabilitätssündern USA und Großbritannien.

Mit dem Aufweichen des Stabilitätspaktes, dem zunächst schleppenden Reformfortschritt in Italien und dem Immobilienboom in Spanien und Irland hatten die Mitglieder der Währungsunion die Saat für spätere Turbulenzen gelegt. Aber das allein hätte nicht einmal im Ansatz ausgereicht für einen derartigen Sturm, wie wir ihn derzeit erleben. Dazu bedurfte es der Riesenrezession nach der Lehman-Pleite. Sie ließ nicht nur die Staatsschulden in der gesamten westlichen Welt einschließlich der Euro-Zone nach oben schnellen. Der Schreck, den die Turbulenzen nach Lehman den Sparern und Anlegern der Welt eingejagt hatte, wirkt bis heute nach. Auf jeden noch so kleinen Anlass, den vor Lehman kaum einer zur Kenntnis genommen hätte, können Anleger jetzt panikartig reagieren. Die Märkte sind weit nervöser als zuvor.

So konnte im Herbst 2009 selbst eine Nachricht aus dem kleinen Griechenland, eine frisch gewählte Regierung habe nach ihrem Amtsantritt festgestellt, dass das Haushaltsdefizit für das laufende Jahr auf über 13 Prozent statt auf die vorher erwarteten 7 Prozent zusteuere, eine Kette von Ereignissen auslösen, die uns bis heute in Atem hält. Mittlerweile bedroht dies auch die politische Zukunft unseres Kontinents mehr, als dies irgendein anderes Ereignis seit dem Bau der Berliner Mauer und der Kuba-Krise Anfang der 1960er Jahre vermocht hatte.

Kapitel VI: Euro-Krise im Zeitraffer

Die europäische Vertrauenskrise wird oftmals als Schuldenkrise bezeichnet. Das ist richtig und falsch zugleich. Richtig ist, dass Griechenland, Irland und Portugal mit echten Schuldenkrisen kämpfen. Aber das hatte die Euro-Zone bis Mitte 2011 nicht nennenswert berührt.

Erst danach geriet die gesamte Euro-Zone ins Trudeln. Selbst die deutsche Konjunktur knickte im Herbst 2011 ein, trotz bester Nachrichten über ein schwindendes Defizit im Staatshaushalt. Für diese eigentliche Euro-Krise ab Mitte 2011 geht der Begriff Schuldenkrise am Thema vorbei.

Die griechische Krise

Ende 2009 begann es im kleinen und besonders hoch verschuldeten Griechenland zu brennen. Obwohl die sozialistische Regierung unter dem charismatischen Premierminister Papandreou und seinem kompetenten Finanzminister Papakonstantinou sich redlich bemühte, mit höheren Steuern, niedrigeren Renten und einem Stopp von Investitionen in die Infrastruktur die nervös gewordenen Sparer und Anleger wieder zu beruhigen, zwang die um sich greifende Kapitalflucht aus Griechenland letztlich Athen dazu, im April 2010 seine Euro-Partner und den Internationalen Währungsfonds (IWF) um Hilfe zu bitten.

Am 2. Mai 2010 sagten die Euro-Zone und der IWF den Griechen ein Hilfsprogramm mit Krediten von insgesamt 110 Milliarden Euro zu. Diese Mittel sollten ausreichen, um bis Mitte 2012 die Löcher im griechischen Staatshaushalt zu stopfen und alle bis dahin fälligen griechischen Staatsanleihen zurückzuzahlen.

Die Hilfen sollten alle drei Monate in Tranchen ausgezahlt werden. Vor jeder Tranche sollte eine gemeinsame Mission von hochrangigen Sachverständigen aus Europäischer Kommission, der Europäischen Zentralbank und des Internationalen Währungsfonds prüfen, ob Griechenland den harten Spar- und Reformauflagen nachgekommen war und eine neue Tranche in Anspruch nehmen könne. Der Begriff der »Troika«, der sich schnell für das Dreigestirn der Prüfer einbürgerte, ist seitdem in Europa zu einem Schlagwort geworden. Die einen fürchten sich vor den Berichten des Dreigestirns, die anderen warten darauf, bevor sie ein politisches Urteil über das Schicksal eines angeschlagenen Randlandes der Euro-Zone fällen.

Das erste Hilfspaket für Griechenland von Anfang Mai 2010 beruhigte die Märkte nicht. Stattdessen keimten sofort Sorgen auf, dass es neben Griechenland noch weitere Wackelkandidaten in der Euro-Zone geben könnte. Unmittelbar nach einer Pressekonferenz, in der Jean-Claude Trichet als Präsident der Europäischen Zentralbank am 6. Mai 2010 rundweg verneint hatte, dass die Zentralbank notfalls auch zu außergewöhnlichen Maßnahmen wie dem Kauf von Staatsanleihen nach dem Vorbild der US-Notenbank greifen könne, brach am europäischen Finanzmarkt ein Sturm aus. Die Ausschläge erinnerten fatal an die Lehman-Katastrophe von Mitte September 2008. Innerhalb von gut 24 Stunden musste Trichet eine dramatische Kehrtwende vollziehen. Am Abend des 7. Mai war er auf einem Krisentreffen europäischer Finanzminister bereits zu einem Befürworter des Ankaufs von Staatsanleihen geworden.

Im Morgengrauen des 10. Mai 2010 präsentierte Europa der Welt dann eine gigantische Rettungsspritze, die andere Mitglieder der Euro-Zone vor dem griechischen Virus schützen sollte. Mit 500 Milliarden Euro wollten die Euro-Mitglieder einen Garantiefonds einrichten, um notfalls Euro-Länder außerhalb Griechenlands vor Turbulenzen abschirmen zu können. Der Internationale Währungsfonds versprach, diese Mittel um 50 Prozent auf insgesamt 750 Milliarden Euro aufzustocken. Der Betrag hätte locker gereicht, um notfalls für Portugal, Irland und Spanien drei Jahre lang sowohl die laufenden Defizite im Staatshaushalt als auch alle fällig werdenden Staatsanleihen voll finanzieren zu können. Gleichzeitig begann die EZB, griechische Staatsanleihen zu kaufen. Das Signal an die verstörten Sparer und Anleger sollte sein: Euer Geld ist in der Euro-Zone sicher, auch in den Randländern der Währungsunion. Allein die Existenz des Rettungsschirmes sollte Anlegern die Sorge vor einem Staatsbankrott nehmen und sie so zum Kauf von Staatsanleihen auch der Randländer ermuntern.

Der energische Eingriff verfehlte seine Wirkung nicht. Während Griechenland unter der Last einer immer schärferen Sparpolitik in eine tiefe Rezession abrutschte, blieb der Rest der Euro-Zone davon nahezu unberührt. Allerdings gab es ab dem Herbst 2010 gelegentliche Äußerungen aus Deutschland, künftig solle es doch möglich sein, strauchelnde Staaten der Euro-Zone in die Pleite zu schicken, statt mit Hilfe deutscher Garantien die Staatsschulden dieser Länder weiter zu bedienen. So einigten sich Bundeskanzlerin Merkel und Frankreichs Präsident Sarkozy bei einem Strandspaziergang in Deauville am 18. Oktober 2010 darauf, in einen künftigen Dauerrettungsschirm von vorneherein eine Klausel aufzunehmen, mit deren Hilfe ab 2013 neue Staatsanleihen geordnet umgeschuldet werden können. Generell macht das durchaus Sinn. Aber es kann auch Ängste schüren. Unmittelbar nach Deauville wandten sich Anleger zunächst von irischen und dann auch von portugiesischen Staatsanleihen in einem Ausmaß ab, dass Irland im November 2010 und Portugal im Februar 2011 schließlich ebenfalls unter den Rettungsschirm schlüpfen mussten. Irland hatte ohnehin mit dramatischen Finanzproblemen nach dem Platzen seiner Immobilienblase zu kämpfen, Portugal stand schon lange Zeit in dem Ruf, eher zu den export- und finanzschwachen Ländern zu gehören.

Die Pakete für Irland und Portugal

Für Irland legten die Finanzminister der Europäischen Union am 28. November 2010 ein Rettungsprogramm mit einem Gesamtumfang von 67,5 Milliarden Euro auf. Mit diesen Mitteln von außen sollte das angeschlagene Bankensystem stabilisiert werden, die exorbitanten Haushaltsdefizite sollten zurückgeführt und die Wettbewerbsfähigkeit gestärkt werden. Das irische Programm wurde von Anfang an breiter finanziert als das griechische. Neben der Euro-Zone, jetzt mit dem neu geschaffenen Rettungsfonds EFSF (17,7 Milliarden Euro), und dem IWF (22,5 Milliarden) beteiligte sich auch die EU mit ihrem Zahlungsbilanzfonds EFSM (22,5 Milliarden). Dazu kamen bilaterale Kredite aus Großbritannien (3,8 Milliarden), Dänemark (0,4 Milliarden) und Schweden (0,6 Milliarden).

Das Memorandum für Irland sieht Auszahlungen von EU und IWF-Mitteln bis 2013 vor. Allerdings sollte sich das Land bereits 2012 zumindest zu etwa 10 Prozent wieder an den Kapitalmärkten finanzieren. Dies ist Irland mit der Aufnahme von 5,2 Milliarden Euro im Juli 2012 auch voll geglückt. 2013 soll sich Irland laut Programm zu etwa 75 Prozent wieder am Markt finanzieren. Die Aussichten dafür stehen gut.

Portugal ersuchte am 7. April 2011 um Hilfe. Die Euro-Finanzminister gaben schließlich am 17. Mai grünes Licht für ein Paket von 78 Milliarden Euro, an dem sich IWF, EU und Euro-Zone (EFSF) zu jeweils einem Drittel beteiligen, also mit je 26 Milliarden Euro. Im Fokus des portugiesischen Programms stehen vor allem Einschnitte in den Staatshaushalt, um das Defizit und langfristig die Schuldenquote zu reduzieren, sowie wachstumsfördernde Strukturreformen. Anders als in Irland spielte die Stabilisierung des Finanzsektors zunächst keine große Rolle.

Das portugiesische Rettungspaket sieht Zahlungen der Troika bis 2014 vor. Allerdings muss sich Portugal ab der zweiten Jahreshälfte 2013 teilweise am Markt refinanzieren mit etwa 40 Prozent des gesamten Kapitalbedarfs für 2013.

Der Rettungsschirm schützt Deutschland

Obwohl Irland und Portugal von der griechischen Krise mitgerissen wurden, konnte das europäische Krisenmanagement bis Mitte 2011 als äußerst erfolgreich gelten. Griechenland selbst trägt nur mickrige 2,5 Prozent zur gesamten Wirtschaftsleistung der Währungsunion bei. Mit Irland und Portugal erhöht sich dies auf bloße 6 Prozent. Anderthalb Jahre hatte sich nahezu die gesamte Euro-Zone einschließlich der Konjunkturlokomotive Deutschland erfolgreich von den Turbulenzen in einigen kleinen Randländern abschirmen können. Während die USA ihre Finanzkrise so unsachgemäß gehandhabt hatten, dass die gesamte westliche Welt im Herbst 2008 in die tiefste Rezession seit 80 Jahren rutschte, hatte die Euro-Zone ihre eigene Finanzkrise lange Zeit erfolgreich eingegrenzt.

Vom Beginn der Griechenland-Krise Ende 2009 bis Mitte 2011 konnte Deutschland das beste Wachstum seit 20 Jahren und ein regelrechtes Wunder am Arbeitsmarkt genießen. In diesen anderthalb Jahren legte das übliche Maß der Wirtschaftsleistung, das Bruttoinlandsprodukt, insgesamt um 6 Prozent zu. Gleichzeitig schnellte die Zahl der sozialversicherungspflichtig Beschäftigten um eine Million nach oben. Das entspricht einem rekordverdächtigen Zuwachs von 3,6 Prozent. Zudem ging die Zahl der Arbeitslosen um 438 000 zurück. Bei immer mehr Beitragszahlern und einer abnehmenden Zahl von Menschen, die mangels ausreichender eigener Einkommen auf staatliche Fürsorge angewiesen waren, war Deutschland auf dem Weg zu Überschüssen im Haushalt seines Gesamtstaates (Bund, Länder, Gemeinden und Sozialversicherungen) ab dem Jahr 2012. Mit dem Euro-Rettungsfonds EFSF hatte Deutschland seine Wirtschaft und seine Steuerzahler wirksam vor dem griechischen Schuldensturm geschützt.

Mitte 2011 wandelte sich der Ausblick schlagartig. Der Anlass hatte wiederum mit dem kleinen Griechenland zu tun. Unter der Last der harten Einschnitte ging die griechische Wirtschaft weit mehr in die Knie, als die Troika dies erwartet hatte. Das ursprüngliche Programm beruhte auf der Annahme, dass die griechische Wirtschaftsleistung im Jahr 2011 um 2,6 Prozent zurückgehen werde. Stattdessen zeichnete sich im Frühjahr 2011 ein weit schärferer Einbruch ab. Mittlerweile zeigen die offiziellen Ergebnisse für 2011 eine Rezession von 6,9 Prozent an. Bei sinkender Wirtschaftsleistung blieben die Steuereinnahmen hinter dem Plan zurück, während die Zahl der Menschen, die auf Arbeitslosenhilfe oder andere Sozialleistungen angewiesen waren, wesentlich stärker zunahm als gedacht. Das Ergebnis waren neue Löcher im griechischen Staatshaushalt.

Diese Wirkungskette wird uns leider in der Euro-Krise mehrfach begegnen. Beim Entwerfen aller Reformpakete haben die Retter nahezu systematisch unterschätzt, wie sehr die Sparmaßnahmen zunächst die Konjunktur belasten würden. Die Neigung, die neuen Fehlbeträge durch noch härtere Einschnitte in den Staatshaushalten aufzufangen, statt sie als konjunkturbedingt hinzunehmen, hat die Rezession in den Randländern weiter verschärft. Der erste Plan der Troika für Griechenland vom Mai 2010 setzte darauf, dass die griechische Wirtschaftsleistung im Jahr 2013 etwa 3,5 Prozent unter dem Ausgangsniveau von 2009 liegen werde. Derzeit deuten die Daten dagegen auf einen Rückgang von etwa 18 Prozent hin.

Manche Forderungen und Vorstellungen der Troika hatten den Praxistest nicht bestanden; viele der vom griechischen Parlament beschlossenen Strukturreformen hatte die Verwaltung dort schlicht nicht umgesetzt. Bei ihren regelmäßigen Kontrollen drang die Troika in Athen immer darauf, die auch konjunkturell bedingten Haushaltslücken schnell durch nochmals höhere Steuern und niedrigere Ausgaben zu schließen. Aber letztlich kommt es für Griechenland nicht auf die genaue Höhe des laufenden Staatsdefizits an. Entscheidend ist, ob sich das Land zu einem guten Investitionsstandort mausert. Denn nur mit Investitionen, die Arbeitsplätze schaffen, kommt das Wachstum in Gang, das dauerhaft für höhere Staatseinnahmen sorgen kann. Auf das Umsetzen der eigentlich wichtigeren Reformen am Arbeitsmarkt und auf den Abbau bürokratischer Investitionshemmnisse legte auch die Troika lange Zeit nicht genügend Wert.

Auch die öffentliche Diskussion der Geberländer beschränkte sich weitgehend auf den griechischen Staatshaushalt. Über neue Fehlbeträge in den griechischen Staatsfinanzen lässt sich am Biertisch leicht lästern. Die weit wichtigeren Fragen, wie viele neue Lizenzen für Taxifahrer und für Transportunternehmen Griechenland tatsächlich vergeben hat und ob es drei Monate oder drei Tage dauert, um in Athen ein Gewerbe anzumelden, eignen sich weniger für eine holzschnittartige Debatte.

Im Mai 2011 zeichnete sich ab, dass Griechenland nicht wie geplant vor Ende 2012 an den Kapitalmarkt zurückkehren könne. Hellas brauchte mehr Geld als ursprünglich erwartet. So begann eine Diskussion über ein zweites Hilfspaket.

Auch der Internationale Währungsfonds machte im Juni 2011 plötzlich Druck. Seit dem blamablen Rücktritt des Franzosen Dominique Strauss-Kahn am 19. Mai 2011 wegen des Vorwurfs sexueller Vergehen leitete vorübergehend ein verdienter amerikanischer Ökonom, John Lipsky, den Fonds. Lipsky neigte weniger als sein Vorgänger dazu, auf europäische Besonderheiten einzugehen. Im Juni wies der IWF darauf hin, dass er kein weiteres Geld für Griechenland freigeben könne, wenn nicht geklärt sei, wie Griechenland ab Herbst 2012 finanziert werde. Denn der IWF dürfe nur dann auszahlen, wenn der Finanzhorizont eines Empfängerlandes für mindestens ein Jahr berechenbar sei.

Nach einigem Hin und Her und nachdem Griechenland im Juni 2011 unter dem Druck der Troika seinen Sparkurs noch einmal verschärft hatte, bescheinigten die Prüfer den Griechen im Juli 2011, alles in allem doch auf den richtigen Kurs eingeschwenkt zu sein. Deshalb sei es zu verantworten, die nächste fällige Tranche aus dem ersten Hilfspaket auszuzahlen. Aber da absehbar war, dass es eines zweiten Hilfspaketes bedürfe und der IWF seinen Beitrag nur dann freigeben wollte, wenn die Grundzüge dieses zweiten Hilfspakets feststünden, sah Europa sich im Juli 2011 unter Entscheidungsdruck.

Der griechische Schuldenschnitt

Auch um politisch den Boden für weitere Hilfen zu bereiten, hatte der deutsche Finanzminister Wolfgang Schäuble schon im Mai 2011 vorgeschlagen, die privaten Gläubiger an einem zweiten Hilfspaket für Griechenland zu beteiligen. Das sei doch nur gerecht. Ein scheinbar einleuchtendes Argument.

Auf einem Gipfel am 22. Juli 2011 einigten sich die Staats- und Regierungschefs der Europäischen Union auf die wesentlichen Elemente eines zweiten Hilfspakets von 130 Milliarden Euro für Griechenland. Da gleichzeitig die noch nicht ausgezahlten Tranchen von 37 Milliarden Euro aus dem ersten Paket verfielen, handelte es sich um 93 Milliarden an neuen Zusagen. Mit diesem Paket verordneten Europa und der IWF den privaten Gläubigern Athens einen »freiwilligen« Forderungsverzicht von 20 Prozent. Ende Oktober 2011 setzte Europa noch einen drauf, indem es den Schuldenschnitt von 20 Prozent auf 50 Prozent verschärfte. Einschließlich eines nochmals auf 53,5 Prozent ausgeweiteten Forderungsverzichts und der Niedrigstkupons, die Anleger schließlich im März 2012 für umgetauschte Anleihen bekamen, mussten Athens private Gläubiger am Ende bis zu 80 Prozent abschreiben.

Die Gründe für eine Beteiligung des Privatsektors an einem zweiten Hilfspaket für Griechenland sind gut nachvollziehbar. Aber letztlich kommt es auf die Wirkung an, nicht auf die Motive. Mit diesem Schuldenschnitt signalisierte Europa den Sparern und Anlegern der Welt, dass ihr Geld in der Euro-Zone nicht sicher ist. Mit der ernsthaften Diskussion um einen griechischen Schuldenschnitt, die Ende Juni 2011 einsetzte, sprang die Euro-Krise von den kleinen Randländern Griechenland, Portugal und Irland auf große Länder wie Italien und Spanien und schließlich auf die gesamte Euro-Zone über. Der griechische Schuldenschnitt löste eine Kettenreaktion aus, die Europa bis heute vor eine außerordentliche Belastungsprobe stellt. Über den schlagartigen Verlust an konjunktureller Dynamik hat diese Kettenreaktion auch den deutschen Staatshaushalt wohl viele Milliarden an ansonsten möglichen Steuereinnahmen gekostet.

Aber was wäre besser gewesen? Schließlich war Mitte 2011 absehbar, dass Griechenland zusätzliches Geld brauchen würde. Wir selbst hatten damals ein anderes Vorgehen vorgeschlagen. Erstens hätte Europa anbieten sollen, den absehbaren zusätzlichen Finanzbedarf Griechenlands zunächst aus öffentlichen Kassen zu decken, und zwar über weitere langfristige Hilfskredite zu erträglichen Zinsen. Und zweitens hätte Europa den Privatsektor durch eine allgemeine Banken- oder Finanzmarktabgabe an den Hilfen für Griechenland beteiligen können. Die Abgabe hätte so gewählt werden können, dass die absehbaren Erträge ausgereicht hätten, auf Dauer eventuelle Verluste für die öffentlichen Kreditgeber aus ihrem zusätzlichen Engagement in Athen auszugleichen. Wenn es später zu keinem Ausfall öffentlicher Kredite an Griechenland gekommen wäre, hätten die zwischenzeitlich angesammelten Einnahmen den Kapitalstock eines europäischen Rettungsfonds anreichern können.

Der wesentliche Punkt wäre gewesen, die Beteiligung des Privatsektors gerade nicht daran zu koppeln, ob und in welchem Umfang eine Bank, eine Versicherung, eine Pensionskasse oder ein Privatanleger griechische Staatsanleihen besitzt. Der »freiwillige« Schuldenschnitt war dagegen genau die falsche Art, den Privatsektor zu beteiligen. Denn so wurden ja gerade die Institute abgestraft, die den Beteuerungen der Politiker vom Mai 2010 geglaubt hatten, Europa stünde für griechische Staatsschulden gerade, solange die Troika nicht den Daumen über das Land senke. Dagegen wurden all diejenigen belohnt, die frühzeitig gegen Athen spekuliert hatten. Damit setzte Europa für Anleger genau die falschen Anreize. Die Botschaft war: Wenn es auch nur irgendeinen Zweifel daran gibt, dass einem Land notfalls verlässlich geholfen würde, lohnt es sich, sofort Kapital aus dem Land abzuziehen. Gebrannte Anleger scheuen den Markt.

Sowohl die Europäische Zentralbank als auch die Deutsche Bundesbank hatten in den Wochen vor dem EU-Gipfel am 22. Juli 2011 händeringend vor einem griechischen Schuldenschnitt gewarnt. Für die ansonsten eher zurückhaltenden Zentralbanker taten sie dies sogar recht lautstark und öffentlich. In der politischen Diskussion verhallten die Stimmen der Zentralbanken damals ungehört. Trotz dieser Warnungen hatten die europäischen Entscheidungsträger offenbar nicht erkannt, welch zentrale Rolle Staatsanleihen in den Finanzsystemen westlicher Staaten einnehmen. Nicht nur Griechenland hatte es versäumt, alle Vorgaben des ersten Rettungspaketes zu erfüllen. Auch die europäischen Institutionen waren mit dem Versuch gescheitert, Griechenland zuverlässig so zu stützen, dass keine Ansteckungsgefahren von Athen für die Euro-Zone insgesamt ausgehen könnten.

Der Vertrauensschock

Über den griechischen Schuldenschnitt lässt sich trefflich streiten. Das ist nicht unser Anliegen. Wir wollen vor allem aufzeigen, dass die Art, wie Europa dabei vorgegangen ist, unvorhergesehene Folgen gezeitigt hat.

Der eigentliche Fehler war nicht der Schuldenschnitt selbst. Der Fehler war, die Ansteckungsgefahren zu unterschätzen. Europa hat das Vertrauen in Staatsanleihen der Euro-Länder erschüttert, ohne die weit solideren, aber auch weit größeren Länder Italien und Spanien gegen Ansteckungsgefahren abzusichern. Wir können es nicht oft genug betonen: Der Kern der Euro-Krise sind nicht die immensen Schuldenprobleme kleiner Randländer des gemeinsamen Währungsraumes wie Griechenland, Irland und Portugal. Die wichtigste Aufgabe ist es stattdessen, ein Überspringen der Krise von diesen kleinen kranken Volkswirtschaften auf wesentlich gesündere, aber weit größere Länder zu vermeiden. Bis Mitte 2011 war das Europa gut gelungen. Im Juli 2011 brachen die Verteidigungslinien gegen solche Ansteckungsgefahren schlagartig zusammen.

Ende Juni 2011 begann ein Käuferstreik für Staatsanleihen Italiens und Spaniens. Vor allem ausländische Anleger bemühten sich, diese Papiere abzustoßen. Als einfaches Maß für die Risikozuschläge, die Anleger fordern, um Staatsanleihen dieser Länder doch noch zu halten, kann der Renditeabstand zwischen diesen Rententiteln und den Staatsanleihen Deutschlands dienen. Die Risikozuschläge für italienische und spanische Anleihen weiteten sich ab Mitte Juni 2011 drastisch aus, beispielsweise von 1,7 Prozentpunkten Anfang Juni auf 3,7 Anfang August und 5,5 Punkte Anfang November 2011 für italienische Staatsanleihen mit zehnjähriger Restlaufzeit.

Nach dem EU-Gipfel vom 22. Juli 2011 beruhigte sich die Lage keineswegs. Nach kurzer Pause nahmen die Turbulenzen an den

Rentenmärkten gefährlich zu. Zur großen Nervosität der Sparer und Anleger trug auch eine absurde Diskussion in den USA bei. Für einige Wochen drohte die Gefahr, die US-Bundesregierung würde Anfang August 2011 zahlungsunfähig werden, da der US-Kongress sich eine Zeitlang weigerte, der Regierung die Aufnahme weiterer Schulden zu erlauben. Kurz nachdem die US-Politiker sich schließlich darauf geeinigt hatten, den Schuldendeckel doch anzuheben, beruhigte sich die Lage in den US-Märkten langsam wieder, obwohl eine der drei großen internationalen Bewertungsagenturen, Standard & Poor's, den USA die begehrte Bestnote AAA entzog.

In Europa kehrte dagegen keine Ruhe ein. Am 1. August 2011 schlugen die Turbulenzen an den Rentenmärkten voll auf die Aktienmärkte über. Innerhalb von acht Handelstagen brach der deutsche Leitindex DAX um 22 Prozent ein; für die Zeit vom 26. Juli bis zum Tiefpunkt am 12. September beliefen sich die Verluste auf 31 Prozent. Anleger verabschiedeten sich schlagartig aus deutschen Unternehmen, obwohl sich an der Substanz dieser Unternehmen nichts geändert hatte.

Italienische Wirren

Anfang August versuchte die Europäische Zentralbank, die Märkte zu beruhigen. Auf der EZB-Pressekonferenz am 4. August 2011 verkündete EZB-Präsident Trichet, dass die Bank ihr seit Februar 2011 ruhendes Programm zum Ankauf von Staatsanleihen wieder aufnehmen wolle. Tatsächlich begann die EZB noch an dem Nachmittag, Anleihen der kleinen Krisenländer Irland und Portugal zu erwerben. Allerdings brannte es ja an den Märkten für italienische und spanische Staatsanleihen. In einem Schnellkommentar für Berenberg-Kunden verglichen wir deshalb an jenem Nachmittag diesen EZB-Eingriff mit einer Feuerwehr, die sich zwar endlich zum Einsatz entschließt, dann aber zur falschen Anschrift statt zum eigentlichen Brand ausrückt.

Offenbar hatte die EZB vorab von Italien noch keine ausreichenden Zusicherungen bekommen, dass das Land seinen Staatshaushalt spürbar straffen und seine Wirtschaft hinreichend reformieren werde. Deshalb sandte die Zentralbank einen Brief an den italienischen Premierminister Berlusconi mit Hinweisen zur Wirtschaftspolitik, den sie als Liste der Bedingungen für einen Eingriff zugunsten Italiens verstanden wissen wollte. Als Berlusconi am folgenden Wochenende sein Einverständnis signalisierte, kaufte die EZB ab dem 8. August 2011 auch italienische (und spanische) Anleihen. Allerdings deutete Berlusconi, eine ohnehin schillernde Figur, kurz danach an, er müsse vielleicht doch nicht all diese Bedingungen erfüllen. Berlusconis Wankelmut schockierte die Notenbanker. Dies schien ihre schlimmsten Befürchtungen zu bestätigen: Helfen wir klammen Politikern aus der Klemme, erlischt der Reformeifer. Obwohl Berlusconi sich nach einem kräftigen Rüffel aus Frankfurt schnell eines Besseren besann und die Steuererhöhungen wie versprochen durchs Parlament brachte, hatte er unwiederbringlich Vertrauen verspielt.

Unmittelbar danach verhärtete sich die Haltung der EZB. Und in Berlin reifte die Einsicht, dass es klare Regeln für alle Mitglieder der Währungsunion geben müsse. Die bereits vorab diskutierte Idee gewann an Boden, Europa brauche nicht nur einzelne Reformen, sondern müsse die EU-Verträge um einen strikten neuen Fiskalpakt ergänzen. Für Kanzlerin Merkel wurde dies jetzt zum Kernstück ihrer Euro-Politik: Deutschland hilft seinen Partnern in der eskalierenden Krise. Aber es erwartet im Gegenzug, dass andere Länder sich nach neuen Regeln richten.

Auch aus Sicht der EZB und der deutschen Regierung war es ein reiner Unfall, dass die Euro-Krise im Sommer 2011 eskalierte. Gewollt hatten sie dies keineswegs. Aber als die Krise dann Märkte und Konjunktur im Herbst 2011 immer mehr in Mitleidenschaft zog, begannen sie, dies auch als Chance zu begreifen, die Währungsunion von Grund auf zu reformieren. Europa sollte Regeln bekommen, die derartige Krisen künftig nahezu unmöglich machen sollten.

Wir haben die Entscheidung, Griechenland umzuschulden, ohne Spanien und Italien gegen Ansteckungsgefahren abzusichern, als großen Fehler kritisiert. Er hat die Euro-Zone in gefährliche Turbulenzen und eine unnötige Rezession gestürzt. Es ist gut denkbar, dass wir und die Geschichte dereinst anders urteilen werden. Denn die fahrlässig ausgelöste Krise kann sich durchaus als derart heilsam erweisen, dass dies den vorübergehenden Schmerz mehr als aufwiegen könnte.

In den anhaltenden Finanzturbulenzen zerbrach am 9. November 2011 die italienische Regierung. Berlusconi hatte sein kurzes Schwanken, ob er die von der EZB de facto gesetzten Bedingungen für einen Ankauf italienischer Staatsanleihen wirklich erfüllen müsse, nur wenige Monate im Amt überstanden. Stattdessen übernahm der geachtete Wirtschaftsprofessor Mario Monti das Zepter in Rom, um mit einer Technokraten-Regierung Italien innerhalb von anderthalb Jahren auf Vordermann zu bringen. Monti war bereits in seiner Zeit als EU-Kommissar für den Binnenmarkt (1995–1999) und für Wettbewerb (bis 2004) durch einen liberalen Reformeifer aufgefallen, der auch deutschen Landesfürsten, beispielsweise in Sachen Landesbanken, kräftig auf die Nerven gegangen war. Etwa gleichzeitig ging in Spanien der konservative Reformer Rajoy als Sieger aus den Parlamentswahlen vom 20. November 2011 hervor. Damit konnten beide Länder eine neue Spar- und Reformwelle einläuten.

Ein Taschenspielertrick

Aber was sollte man gegen die akuten Turbulenzen und die einbrechende Konjunktur unternehmen? Allein die Diskussion über neue Regeln, die künftige Krisen verhindern sollten, schien die verschreckten Sparer und Anleger nicht zu beruhigen. In Berlin wuchs die Erkenntnis, dass Europa den Märkten ein Sicherheitsnetz präsentieren müsse, das neben Spanien auch das große Italien zuverlässig auffangen könne. Nach einer Serie von Krisengesprächen versuchte es ein weiterer EU-Gipfel am 26. Oktober 2011 mit einer Art Taschenspielertrick. Der vorhandene Rettungsfonds EFSF sollte »gehebelt« werden. Statt selbst Kredite an schwankende Krisenstaaten zu vergeben, sollte der Fonds auch die Möglichkeit haben, privaten Anlegern eine Art Teilkaskoversicherung anzubieten: Wenn sie Staatsanleihen der Krisenländer kaufen, übernimmt der EFSF einen Teil des Risikos. Nach wenigen Tagen wankten die Finanzmärkte erneut. Das schöne Angebot erwies sich als wertlos. Denn mit einer Teilkaskoversicherung gaben sich die Anleger nach dem griechischen Schuldenschnitt nicht mehr zufrieden. Was sollte ein Anleger von dem Angebot halten, ihm in Italien und Spanien vielleicht 25 Prozent des Risikos abzunehmen, nachdem derselbe Gipfel doch gerade den Schuldenschnitt für Griechenland von 20 Prozent auf 50 Prozent heraufgesetzt hatte? Von Singapur oder San Francisco aus gesehen liegen Italien und Griechenland beängstigend nahe beieinander.

Frankreichs rühriger Staatspräsident reiste gleich nach China, um das Land von den Vorzügen einer solchen Teilkaskoversicherung zu überzeugen. Doch das immer noch recht arme Reich der Mitte ließ sich nicht überreden, jetzt durch umfangreiche Käufe von italienischen Staatsanleihen die reiche Euro-Zone zu retten. Stattdessen löste das europäische Begehren in Beijing eher Verwunderung aus, um es sehr vornehm zu formulieren. Das Europa zum Betteln zu ihnen käme, hatten die Hüter der Devisenreserven, die das Milliardenvolk der Chinesen sich mit seinem Fleiß mühsam erarbeitet hatte, nicht erwartet. Aber gerade diese Abfuhr, die Europa sich in Beijing holte, konnte auch als heilsamer Schock verstanden werden.

Ernsthafte Fortschritte

Im November 2011 begann Europa, seine Krise ernsthaft anzugehen. Bundeskanzlerin Merkel gewann immer mehr Anhänger für ihre Idee eines strikten Fiskalpaktes, der fest in den europäischen Verträgen zu verankern sei. Gleichzeitig ermunterte sie die Notenbanken, mehr gegen Ansteckungsgefahren zu tun, da der Rettungsfonds EFSF dazu offenbar selbst mit seinen neuen Instrumenten wie dem »Hebel« nicht in der Lage war. Der Anfang November ins Amt gekommene neue Präsident der Europäischen Zentralbank, Mario Draghi, half nach, indem er gleich auf seiner ersten Pressekonferenz den Fiskalpakt zur Bedingung für »weitere Schritte« der EZB machte.

Anfang Dezember 2011 brachte eine Art Doppelbeschluss den bis dahin größten Durchbruch. In völliger Unabhängigkeit beschlossen die EZB am 8. Dezember und ein EU-Gipfel am Tag danach ein abgestimmtes Bündel von Maßnahmen:

- Alle EU-Mitglieder mit Ausnahme der Briten billigten die Grundzüge eines neuen Fiskalpaktes.
- Als Ersatz für den zeitlich begrenzten Rettungsschirm EFSF brachte die Euro-Zone einen dauerhaften Rettungsschirm ESM auf den Weg.
- Die EZB kündigte an, die Banken massiv mit Liquidität zu fluten: Statt für drei Monate oder ein Jahr könnten Banken sich auf zwei großen Auktionen bei der EZB Liquidität für drei Jahre besorgen.

- Selbst die Bundesbank bot an, das Sicherheitsnetz zu stärken, indem sie dem Internationalen Währungsfonds zusätzliche Mittel von 45 Milliarden Euro in Aussicht stellte. Dies war Teil einer europäischen Initiative, die Krisenmittel des IWF um insgesamt 200 Milliarden Euro zu erhöhen.
- Die Möglichkeit, den Privatsektor von vornherein über einen Schuldenschnitt an künftigen Hilfsprogrammen zu beteiligen, wurde im Vertrag über den dauerhaften ESM-Rettungsschirm eingeschränkt. Dies sollte nur nach den eingespielten Regeln des IWF erfolgen können.

Mit den Beschlüssen vom Dezember 2011 beruhigte sich die Lage für einige Monate spürbar. Die Turbulenzen an den Märkten ließen nach, Spanien und Italien konnten sich weiter ohne Hilfe selbst finanzieren. Auch die deutsche Wirtschaft, die im Schlussquartal 2011 geschrumpft war, ging Anfang 2012 wieder auf Wachstumskurs.

Allerdings begann die Stimmung im März 2012 wieder zu kippen. Zum Entsetzen der Finanzmärkte forderte die Deutsche Bundesbank öffentlich einen Ausstieg der EZB aus ihren Sondermaßnahmen. Bei erneut zunehmender Nervosität reagierten die Märkte allergisch auf einige schlechte Nachrichten aus Spanien. Dort hatten vor allem die weitgehend autonomen Regionen des Landes ihre Haushaltsvorgaben für 2011 so verfehlt, dass der spanische Staat für das abgelaufene Jahr einen Fehlbetrag im Haushalt des Gesamtstaates von knapp 9 Prozent statt wie erwartet nur 6 Prozent der Wirtschaftsleistung ausweisen musste. Dazu kam die politische Hängepartie in Griechenland. Nachdem eine Parlamentswahl am 6. Mai keinen Sieger erbracht hatte, stand es bei der Wiederholungswahl am 17. Juni 2012 auf der Kippe, ob linksradikale Reformgegner oder eine große Koalition der Reformer die Regierung übernehmen könnten. Am Ende gewannen die Reformer knapp. Sie haben ihren Wahlsieg wohl vor allem dem Umstand zu verdanken, dass sich in Griechenland eines langsam herumsprach: Europa würde einer reformfeindlichen Regierung sofort den Geldhahn abdrehen und damit das Land gegen den Willen von etwa 70 Prozent seiner Bürger zum Ausscheiden aus dem Euro verdammen.

Mit den wieder zunehmenden Turbulenzen an den Märkten verdüsterten sich im Frühjahr 2012 auch die Aussichten für die Konjunktur. Ab Mai 2012 ging das wichtigste deutsche Wirtschaftsbarometer, der Geschäftsklima-Index des Ifo Institutes, wieder zurück. Nach einer kurzen Stagnation Anfang 2012 schrumpfte die Wirtschaftsleistung in der Euro-Zone im zweiten Vierteljahr erneut, so wie das auch schon im vierten Quartal 2011 der Fall gewesen war.

Ende Juli 2012 besann sich die Europäische Zentralbank schließlich auf ihre Pflicht, die Stabilität des Euro zu gewährleisten und einer deflationären Abwärtsspirale entgegenzuwirken. Mit dem Beschluss vom 2. August 2012, notfalls erneut Staatsanleihen reformwilliger Krisenländer zu kaufen, hat die EZB die Lage wieder etwas entspannt. Ob dies ausreicht, bleibt abzuwarten.

Kapitel VII: Der Umgang mit der Krise

Von der Schulden- zur Vertrauenskrise

Mitte 2011 schlug die Schuldenkrise einiger kleiner Randländer der Währungsunion in eine allgemeine Vertrauenskrise um. Vertrauen ist ein flüchtiges Gut. Nach dem Vertrauensbruch gegenüber den privaten Gläubigern Griechenlands Mitte 2011 stellten sich Sparer und Anleger rund um die Welt die bange Frage, ob ihnen das auch andernorts in der Euro-Zone passieren könnte. Scheu, wie gebrannte Sparer nun einmal sind, zogen private Anleger, professionelle Vermögensverwalter und andere Finanzinstitute sich ab Juli 2011 in Scharen aus Italien und Spanien zurück.

Die Bürger verbanden mit den Nachrichten über ein zweites Hilfspaket für Athen vor allem immer größere Haftungsrisiken, mit denen sie als Steuerzahler notfalls für vermeintliche Fehlspekulationen von Finanzinstituten geradestehen sollten. Banken und Versicherungen, Vermögensverwalter und Privatanleger sahen vor allem eine Reihe von politischen Signalen und Schritten, die ein Engagement in den Randländern der Euro-Zone immer riskanter erscheinen ließen. Im Mai 2010 hatte es geheißen, Staatsanleihen sollten keinesfalls umgeschuldet werden. Dann kam im Herbst 2010 eine Diskussion darüber auf, ab 2013 Umschuldungsklauseln in das Kleingedruckte neu zu begebender Staatsanleihen aufzunehmen. Der Zusicherung, dies würde ja nur für künftige Anleihen gelten und ändere nichts an der vollen Rückzahlbarkeit bereits bestehender Anleihen, folgte Mitte 2011 der Schuldenschnitt für bereits bestehende Staatsanleihen Griechenlands. Spätestens seitdem zweifeln Anleger daran, dass Europa seine Probleme in den Griff bekommen kann. Sie sind sich nicht sicher, wie weit sie den Worten glauben können, dass der griechische Schuldenschnitt ein Einzelfall bleiben wird.

Vertrauen zählt weit mehr als einzelne Zahlen zur Lage der Staatsfinanzen. Denn theoretisch können selbst Staaten, die kein laufendes Defizit im Staatshaushalt aufweisen, pleitegehen, wenn sie bei einem Käuferstreik ihre fällig werdenden Staatsanleihen nicht mehr durch die Ausgabe neuer Rententitel refinanzieren können. So konnte selbst Italien mit seinem vergleichsweise geringen Fehlbetrag im laufenden Staatshaushalt von 3,9 Prozent im Jahr 2011, also weit unter den 9,6 Prozent in den USA und sogar etwas geringer als der Euro-Durchschnitt von 4,1 Prozent, im Sommer 2011 in den Strudel geraten. Denn die Last der früher aufgehäuften Schulden von 120 Prozent der Wirtschaftsleistung bedeutet, dass das Land relativ häufig die fällig werdenden Papiere durch neue ablösen und somit am Anleihemarkt aktiv werden muss. Das macht Italien verwundbar.

Kapitalflucht: Der Kern des Problems

Die europäische Vertrauenskrise zeigt sich seit Mitte 2011 in einer massiven Kapitalflucht aus der Euro-Peripherie. Der Kapitalverlust droht eine sich selbst verstärkende Abwärtsspirale anzustoßen. Denn die Flucht schwächt Spanien und Italien. Die Sorgen, dass diese beiden Länder deshalb wirtschaftlich weiter abstürzen könnten, verstärkt wiederum die Kapitalflucht.

Genau genommen werden die verschreckten Sparer und Anleger, die ihr Geld aus den Randländern der Euro-Zone abziehen, von drei verschiedenen Ängsten geplagt:

- Erstens fürchten sie sich vor einem neuen Schuldenschnitt nach griechischem Muster. Der Konjunktureinbruch in Europa und die Kapitalflucht aus Spanien und Italien begannen ja mit dem Beschluss vom Juli 2011, Griechenland umzuschulden, ohne Spanien und Italien gegen Ansteckungsgefahren abzusichern. Die großen Summen, die Europa mit seinem Rettungsschirm bereitgestellt hatte, konnten Anleger ab Juli 2011 nicht mehr beruhigen. Denn Griechenland hatte ja gezeigt, dass ihnen empfindliche Verluste gerade in einem Land drohen konnten, das von Europa und dem IWF unterstützt wird. Auf Gerüchte, ein Euro-Land müsse unter den Rettungsschirm schlüpfen, reagieren Anleger daher sogar oftmals mit Verkäufen der entsprechenden Anleihen. Europäische Angebote, angeschlagenen Ländern beizustehen, werden zwar von Märkten zumeist honoriert. Der Eindruck, ein Land müsse solche Hilfen in Anspruch nehmen, führt dagegen eher zu weiteren Turbulenzen.

- Zweitens fragen sich Anleger, ob Bundesbank und EZB es zulassen könnten, dass der Euro platzt und Europa in einer Depression samt Deflation versinkt. Für viele Deutsche und Europäer klingt diese Angst absurd. Aber gerade an den Weltfinanzzentren in New York, London und Asien glauben viele Anleger, die Einwände der Bundesbank gegen den Ankauf von Staatsanleihen seien Vorboten eines deutschen Ausstiegs aus dem Euro. Zumindest seien sie Zeichen dafür, dass Deutschland alle missliebigen Randländer eines nach dem anderen aus dem Euro rauskegeln werde. Wie gesagt, die Angst klingt absurd. Wir selbst kennen keinen Entscheidungsträger in der Regierung in Berlin oder bei der Bundesbank in Frankfurt, der mit solch einem Gedanken auch nur spielen würde. Aber diese Furcht gibt es. Und sie hat Folgen. Derart verängstigte Anleger ziehen ihr Geld aus den Randländern der Währungsunion und teilweise sogar aus dem Euro insgesamt zurück.
- Drittens glauben viele Anleger vor allem aus Asien und dem angelsächsischen Bereich, die Euro-Zone würde sich kaputt-

sparen. In der Rezession sinken die Staatseinnahmen, während die Zahl der Menschen steigt, die auf staatliche Hilfe angewiesen sind. In dem Bestreben, solche rezessionsbedingten neuen Haushaltslöcher sofort durch immer höhere Steuern und geringere Staatsausgaben zu stopfen, drohe die Wirtschaft der Euro-Zone immer mehr in eine Depression abzugleiten, bis schließlich der politische Wille zum Erfüllen der vorgegebenen Sparauflagen und zum Erhalt des Euro erlischt.

Gerade Banken und Versicherungen, die seit der Lehman-Krise peinlichst darauf bedacht sind, Risiken möglichst zu vermeiden, reagierten besonders empfindlich auf den griechischen Schuldenschnitt. Seit Mitte 2011 ziehen gerade Banken immer mehr Kapital aus den Randländern ab. Dies zeigt sich besonders im Verrechnungssystem, das die Zentralbanken der Euro-Zone für den Zahlungsverkehr zwischen Banken anbieten. Nachdem ihre sogenannten »Target2-Salden« lange Zeit weitgehend ausgeglichen waren, rutschten diese Salden für Italien und Spanien Mitte 2011 schlagartig in die tiefroten Zahlen, wie Grafik 1 zeigt. Darin spiegelt sich die Kapitalflucht, die von Banken entweder selbst betrieben oder über sie abgewickelt wird. Mit dieser Kapitalflucht gerieten auch Unternehmen in Italien und Spanien unmittelbar in eine gefährliche Kreditklemme, obwohl sich zu diesem Zeitpunkt objektiv gesehen weder die Lage dieser Unternehmen noch ihrer Banken geändert hatte. Aber eine Panik ist nun einmal eine Panik, mag der Anlass nun rational erscheinen oder nicht.

Grafik 1: Der große Einbruch: Kapitalflucht seit Mitte 2011

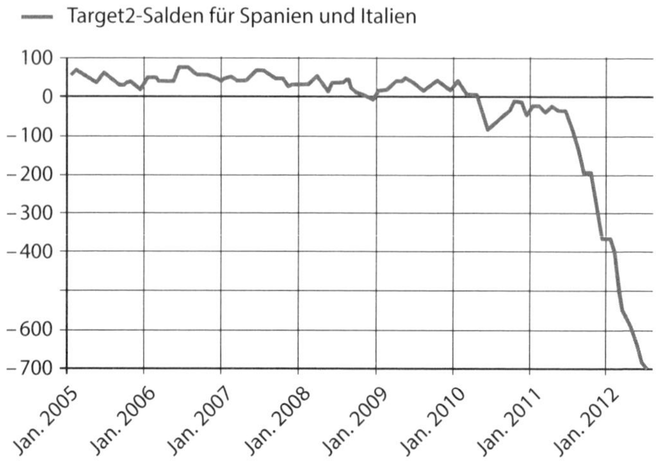

Target2-Salden für Italien und Spanien, in Milliarden Euro.
Quelle: EZB

Verlaufsmuster der Krise

Die Turbulenzen der Euro-Krise der letzten Jahre erweisen sich nicht nur als wirres Chaos. Bei einem näheren Blick können wir eine Reihe von Mustern darin erkennen.

Als Erstes fällt auf, dass typischerweise die blanke Angst der Anleger die Krise treibt. Die Lage spitzt sich dann zu, wenn irgendein Ereignis oder auch nur ein unbedachter Kommentar eines Entscheidungsträgers die Sorge schürt, Europa könne einem Mitgliedsland einen Schuldenschnitt verordnen oder es sogar aus dem Euro drängen. Die Turbulenzen treffen dann nicht nur das Land, um das es geht, sondern auch andere Mitgliedsländer. Denn Anleger befürchten, dass ihnen das, was ihnen in einem Land widerfährt, auch in anderen Randländern drohen könnte.

Als Zweites zeigt sich, dass sich die Krise immer dann für einige Zeit entspannt, wenn die EZB in größerem Umfang eingreift. Dies war der Fall am 10. Mai 2010, als die EZB mit dem Kauf griechischer Staatsanleihen begann, am 8. Dezember 2011, als sie eine riesige Liquiditätsspritze für Banken ankündigte, und am 26. Juli 2012, als sie in Aussicht stellte, die ausufernden Risikoaufschläge für spanische und italienische Staatsanleihen gegenüber deutschen Bundesanleihen notfalls durch den erneuten Kauf von Anleihen eingrenzen zu wollen.

Drittens müssen wir zur Kenntnis nehmen, dass Sparbemühungen der Krisenländer von den Finanzmärkten kaum direkt honoriert werden. Genau genommen zeigen sich hier zwei verschiedene Reaktionen. Werden Beschlüsse zum Anheben der Steuern oder zum Senken der Staatsausgaben von den Märkten als Bedingung dafür gesehen, dass die entsprechenden Länder von Europa notfalls Hilfe bekommen könnten, jubeln die Anleger darüber. Der Jubel der Märkte bezieht sich wohlgemerkt aber nur auf die gestiegene Wahrscheinlichkeit, dass Europa Hilfe leisten wird. Auf Sparmaßnahmen an sich reagieren die Märkte jedoch entweder gar nicht oder eher negativ. Denn je härter ein Land zu sparen versucht, desto mehr wächst nach Meinung vieler Anleger die Gefahr, es könne sich kaputtsparen und in eine Abwärtsspirale abrutschen.

Am meisten haben die Märkte bisher Irland für seine Reformen belohnt, obwohl es in seinem Staatshaushalt weit weniger drastisch gespart hat als die anderen Krisenländer. Für Irland zeigen die Renditen von mittlerweile rund 5 Prozent für Staatsanleihen mit zehnjähriger Restlaufzeit an, dass heimische und internationale Anleger bereits jetzt wieder bereit wären, den westlichen Außenposten der Währungsunion zu finanzieren. Damit steht das Land kurz vor der Schwelle, an der es nicht mehr auf Hilfen angewiesen ist. Es hat in den vergangenen drei Jahren den Staatshaushalt jeweils etwa um einen Betrag gestrafft, der 1,9 Prozent seiner jährlichen Wirtschaftsleistung ausmacht. Griechenland hat sich mit jährlichen Einsparungen von etwa 4,5 Prozent einem mehr als doppelt so harten Programm unterzogen. Portugal, Spanien und Italien liegen seit Beginn ihrer jeweiligen Krise etwa in der Mitte zwischen Griechenland und Irland.

Selbstverständlich müssen die angeschlagenen Randländer der Währungsunion sparen. Sie müssen zudem ihre Wirtschaft durch das Lockern des Kündigungsschutzes und den Abbau anderer wachstumsfeindlicher Regulierungen zu attraktiveren Standorten für Investitionen und Arbeitsplätze machen. Auf Dauer werden auch die Finanzmärkte dies honorieren. Aber es braucht Zeit, bis die Früchte dieser Reformen sichtbar werden. In den unsicheren Zeiten, in denen wir seit Lehman leben, achten Sparer und Anleger leider kaum auf die Substanz der Reformen. Sie schauen vielmehr auf die Risiken, dass ein Land den kurzzeitigen Spar- und Reformschmerz nicht aushalten oder von seinen Partnern fallen gelassen werden könnte.

Die Garantiegeber gestalten Europa

Gewisse Muster können wir nicht nur im Ablauf der Krise erkennen. Sie zeigen sich noch mehr im politischen Umgang mit den Turbulenzen. Seitdem die griechische Krise Anfang 2010 zu einem europäischen Problem wurde, war und ist es Kern der deutschen Politik, notfalls Freunde und Nachbarn zu unterstützen. Dabei geht Berlin schrittweise vor. Stellt sich heraus, dass ein Hilfsangebot nicht ausreicht, ist man bereit, eine umfangreichere Hilfe zu gewähren oder zu befürworten. Aber von Anfang an hat Berlin alle Hilfen an strikte Bedingungen geknüpft. Diese Bedingungen gingen immer in zwei Richtungen. Zum einen musste das Empfängerland sich einem strikten Spar- und Reformkurs unterziehen. Zum anderen hat Deutschland auf europäischer

Ebene darauf gedrungen, durch härtere Haushaltsregeln Schuldenkrisen in Zukunft besser verhüten zu können.

Von Anfang an hat Berlin immer auf einen Gleichklang zwischen einem Mehr an deutschen Haftungsrisiken und einem Mehr an Reformen in den Empfängerländern geachtet. Völlig zu Unrecht ist diese Haltung immer wieder als Zögern ausgelegt worden, beispielsweise, als Berlin sich im Februar und März 2010 zierte, Griechenland unmittelbar unter die Arme zu greifen. Das deutsche Entgegenkommen konnte es immer nur dann geben und hat es auch immer erst dann gegeben, wenn die Nutznießer bereit waren, ihre schlechten Gewohnheiten hinreichend zu ändern und eine Spar- und Reformpolitik in etwa nach dem Vorbild der deutschen Agenda 2010 umzusetzen. Da dieser Erkenntnisprozess zunächst in Athen und dann in den Hauptstädten anderer Krisenländer seine Zeit brauchte, haben auch Kanzlerin Merkel und Finanzminister Schäuble erst spät konkreten europäischen Hilfen zugestimmt.

De facto hingen und hängen diese Hilfen vor allem von Deutschland ab, das ab 2009 durch seine vergleichsweise stabile und robuste Verfassung zum Anker der gesamten Währungsunion geworden ist. Zunächst wurde von Fall zu Fall entschieden. Anfang Mai 2010 gab Deutschland die Hilfen für Griechenland frei, kurz darauf einen Rettungsschirm, um andere Euro-Länder vor den Turbulenzen abzuschirmen. Es folgten Hilfen für Irland Ende 2010 und für Portugal Anfang 2011. Dazu ergriff Deutschland einige Initiativen, um die europäischen Überwachungsmechanismen weiter zu stärken. Bis Mitte 2011 scheute Deutschland noch vor einem grundsätzlichen Umbau der Währungsordnung zurück, der über den Aufbau eines Rettungsschirmes und das Härten einiger Regeln hinausging. Schließlich muss jede grundlegende Reform in einem aufwendigen Verfahren in den EU-Verträgen verankert und von allen Mitgliedsländern ratifiziert werden. Damit hatte Europa zuletzt schlechte Erfahrungen gemacht. Ein langwierig ausgehandelter Verfassungsentwurf für die Europäische Union war am 29. Mai und 1. Juni 2005 an Referenden in Frankreich und den Niederlanden gescheitert. Er konnte deshalb erst knapp fünf Jahre später und in abgespeckter Form als Vertrag von Lissabon in Kraft treten. Ein weitreichendes Ändern der europäischen Verträge gilt deshalb als hohe Hürde.

Mit dem Überspringen der Krise von drei kleinen Randländern auf die gesamte Euro-Wirtschaft Mitte 2011 kam der fallweise Ansatz an seine Grenzen. Weder Berlin noch die EZB in Frankfurt hatten es in irgendeiner Weise gewollt oder erwartet, dass die Krise derart um sich griff. Aber im Spätsommer 2011 entschlossen sich offenbar die EZB und Berlin, die Krise als Chance zu nutzen, die Währungsunion umfassend umzugestalten.

Angela Merkels neuer Fiskalpakt

Aufbauend auf einigen schon vorab diskutierten Ideen drang Kanzlerin Merkel im Herbst 2011 auf einen für alle Euro-Mitglieder verbindlichen und in den europäischen Verträgen fest eingebetteten Fiskalpakt. Unter dem Druck der Krise kam Europa schnell zur Sache. Am 9. Dezember 2011 einigte sich ein EU-Gipfel auf die Grundzüge des Vertrages, am 2. März 2012 unterzeichneten 25 der 27 EU-Mitglieder den Pakt. Lediglich Großbritannien und die Tschechische Republik waren nicht bereit, sich der neuen Disziplin zu unterwerfen.

Zusammen mit einigen anderen Regeln verankert der Fiskalpakt eine doppelt gesicherte Schuldenbremse. Die Vertragsstaaten müssen nach einer kurzen Übergangsfrist ihren Staatshaushalt nahezu ausgleichen. Sie dürfen kein Defizit zulassen, das 0,5 Prozent ihrer jährlichen Wirtschaftsleistung übersteigt. Dabei werden die Zahlen um den Einfluss der Kurzfristkonjunktur und anderer Sondereffekte bereinigt.

Diese Regel wird doppelt abgesichert. Auf europäischer Ebene müssen Sünder sich einem verschärften Strafverfahren unterwerfen. Sie können eine automatische Strafe nur dann abwenden, wenn zwei Drittel der Mitgliedstaaten, gewogen mit ihren jeweiligen Stimmrechten, das Verfahren aussetzen. In der Praxis heißt dies, dass Deutschland gemeinsam mit den Niederlanden und Österreich, also mit den Ländern, die bereits lange vor der Währungsunion ihren Wechselkurs und ihre Geldpolitik an die D-Mark gekoppelt und mit Deutschland eine Stabilitätsunion eingegangen waren, jeden Abbruch eines Strafverfahrens verhindern kann. Zudem muss jedes Vertragsland die Schuldenbremse in seiner nationalen Verfassung oder einem gleichrangigen nationalen Gesetz verankern.

Der neue Fiskalpakt geht damit weit über den früheren Stabilitäts- und Wachstumspakt hinaus. Die Schuldenbremse ist mit einem Defizit von 0,5 Prozent der Wirtschaftsleistung viel klarer festgelegt; das Strafverfahren kann nicht mehr mit einer einfachen Mehrheit gestoppt werden, und die Verankerung der Schuldenbremse in nationalem Recht ist neu. Auch hier hat Deutschland sein eigenes Vorbild, nämlich seine nationale Schuldenbremse aus dem Jahr 2009, auf seine europäischen Partnerstaaten ausgeweitet.

Natürlich sind der Fiskalpakt und die weiteren europäischen Fiskalregeln nicht perfekt. Welch Menschenwerk ist das schon? Aber der Pakt ist weit besser als jede Regel, die es in Europa vorher gab oder die wir sonst irgendwo auf der Welt finden können. Denn anders als rein nationale Regeln andernorts kann die Euro-Schuldenbremse nicht durch den einseitigen Beschluss eines nationalen Parlaments ausgehebelt werden.

In der Praxis dürfte dabei dem verschärften Strafverfahren nicht einmal die Schlüsselrolle zukommen. Alle Wackelkandidaten der Währungsunion wissen jetzt, dass sie künftig nur dann auf Nothilfe ihrer Partner hoffen können, wenn sie sich an die

Regeln halten. Das ist ein starker Anreiz zu vertragskonformem Verhalten. Allein der Verdacht, ein schwächelndes Land könnte gegen den Pakt verstoßen und damit nicht mehr vom Rettungsschirm abgedeckt sein, könnte Anleger zum Verkauf von dessen Anleihen veranlassen und es so unter großen Anpassungsdruck setzen. Die Erinnerung an die Schmerzen der aktuellen Krise dürfte für lange Zeit nachwirken und das Verhalten prägen. Seit den denkbar schlechten Erfahrungen mit dem doppelten Inflationsschub zu Anfang und am Ende der 1970er Jahre hat auch kein Politiker und keine Zentralbank in der westlichen Welt sich mehr getraut, eine neue Inflationspolitik zu betreiben.

Für Europa bedeutet der neue Fiskalpakt einen Riesenfortschritt. Er kommt fast einem Verbot der Neuverschuldung gleich. Zu den Neuerungen gehört auch das »Europäische Semester«. Künftig müssen Euro-Mitglieder ihre Haushaltspläne ein halbes Jahr vorher bei der EU-Kommission anmelden, damit die EU und die Euro-Gruppe der Finanzminister diese Pläne begutachten und gegebenenfalls als unzureichend verwerfen können.

Kapitel VIII: Reformen nach deutschem Vorbild: Eine Agenda 2010 plus für Europa

Deutschland: Die Gnade der frühen Krise

Deutschland ist heute der Anker des Euro. Der deutsche Wachstumsmotor bestimmt den Takt der europäischen Konjunktur. Ohne das starke Deutschland als Garantiegeber könnte der Euro die Turbulenzen nicht überstehen.

Aber die deutsche Stärke von heute hat nichts mit einer vorgeblichen »deutschen Mentalität« zu tun. Deutschland verdankt sie schlicht der Gnade der frühen Krise. Weil es als Land des Reformstaus mit einer fehlgeleiteten Politik die eigene Wirtschaft bereits vor zehn Jahren und damit weit früher als alle anderen EU-Mitglieder fast vor die Wand gefahren hatte, musste Deutschland auch als erstes die bittere Pille der Reformen schlucken. Nur weil es sich eher sanieren musste und saniert hat, kann Deutschland mit seinen Erfahrungen heute als Beispiel für die Länder gelten, die erst jetzt in ihre eigene Krise getaumelt sind.

Von 1992 bis zur Mitte des vergangenen Jahrzehnts war Deutschland die mit Abstand schwächste Wirtschaft Europas. In einer sozialen Marktwirtschaft ist keine Statistik so wichtig wie diejenige, die es ob all der Neuigkeiten über Arbeitslosigkeit, Schulden und Preise nie in die Hauptnachrichten des Fernsehens schafft: die Übersicht, wie viele Menschen ins Sozialsystem einzahlen. Von 1992 bis zum Tiefpunkt im Jahr 2005 ging die Zahl der Menschen, die genug verdienten, um Pflichtbeiträge an die Sozialkassen leisten zu müssen, von 30,1 auf 26,1 Millionen zurück. Wenn wir diesen Trend noch zehn Jahre fortgeschrieben hätten, hätte er das Land wohl unweigerlich an den Rand des Staatsbankrotts geführt.

Nach dem Ende des schuldenfinanzierten Vereinigungsbooms knickte das deutsche Wirtschaftswachstum ab 1992 immer mehr ein. Weniger Wirtschaftsdynamik kommt ein Gemeinwesen teuer zu stehen. Entgegen dem allgemeinen Trend in Europa kletterte die deutsche Schuldenquote immer weiter nach oben. Da Deutschland Anfang der 1990er Jahre mit einer niedrigen Quote begonnen hatte, fiel dies erst kaum auf. Als der damalige Finanzminister Theo Waigel im Mai 1997 per Hubschrauber den Goldschatz der Bundesbank plündern wollte, um durch einen Schnellverkauf die Staatskasse kurzzeitig zu entlasten und die Schuldenquote unter der Maastricht-Grenze von 60 Prozent zu halten,[6] begann erstmals eine Diskussion über den deutschen Schuldentrend. Aber bis 2003 blieb Deutschland auf dem Holzweg.

Erst als Deutschland den selbst gezimmerten Stabilitätspakt verletzte und dann bis zur Unkenntlichkeit abschwächte, begann das Umdenken. Die »Agenda 2010« wurde zum erfolgreichsten Reformprogramm in der westlichen Welt seit den Tagen der Eisernen Lady Margaret Thatcher in Großbritannien.

Im Zuge seiner Reformen hat Deutschland unter anderem

- die Arbeitslosenhilfe gekürzt und mit der Sozialhilfe zusammengelegt (Hartz IV),
- den Kündigungsschutz durch die weitgehende Freigabe der Zeitarbeit ausgehebelt,
- betrieblichen Bündnissen für Arbeit Vorrang vor Tarifverträgen eingeräumt,
- Rentenansprüche beschnitten und das Renteneintrittsalter angehoben,
- die Pflichtleistungen der gesetzlichen Krankenversicherung durchforstet,

- Unternehmenssteuern gesenkt,
- die Mehrwertsteuer um 3 Prozentpunkte angehoben,
- viele Staatsausgaben zeitweilig eingefroren und
- schließlich sogar eine Schuldenbremse in der Verfassung verankert.

Viele, aber nicht alle dieser Reformen waren Teil der Agenda 2010.

Dazu kam, dass Unternehmen angesichts der Massenarbeitslosigkeit und der Drohung, sonst Arbeitsplätze in die Slowakei oder China verlegen zu müssen, ihren Betriebsräten und Gewerkschaften wesentliche Zugeständnisse abringen konnten. Mehr noch als die zurückhaltenden Lohnabschlüsse hat wohl die Abkehr von starren Arbeitszeiten dazu beigetragen, Deutschland wieder zu einem guten Standort für Investitionen und Arbeitsplätze zu machen. Denn statt ihre Arbeiter jede Woche für genau 38,5 Stunden einsetzen zu müssen, können Unternehmen jetzt die Arbeitszeit mit flexiblen Arbeitskonten so verteilen, dass die Arbeitskräfte dann am Platz sind, wenn sie gebraucht werden. Die Effektivität des Arbeitseinsatzes steigert dies enorm.

Mit derart umfassenden Reformen, schmerzhaften Einschnitten ins Sozialsystem sowie von der Not erzwungenen Zugeständnissen der Gewerkschaften bei Löhnen und Arbeitszeiten konnte sich Deutschland Mitte des vergangenen Jahrzehnts weitgehend sanieren. In unserem Beitrag »Deutschland im Aufwind: Reformen zahlen sich aus« haben wir den deutschen Wandel vom kranken Mann Europas zum neuen Wachstumsmotor nachgezeichnet.[7] Seit Anfang 2006 hat die Zahl der sozialversicherungspflichtig Beschäftigten in Deutschland um 11 Prozent zugenommen (siehe Grafik 2). Dank der zusätzlichen Beitragszahler bei in etwa unveränderter Gesamtbevölkerung verzeichnet Deutschland seit Anfang 2012 sogar Überschüsse in seinen Sozialkassen.

Grafik 2: Deutschlands Jobwunder

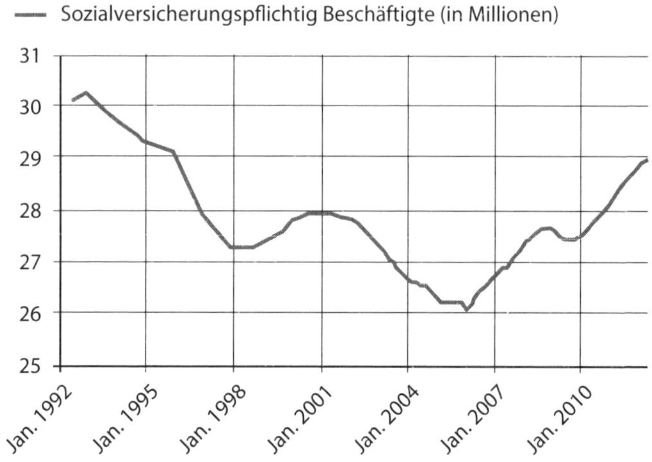

Quelle: Bundesagentur für Arbeit

Das Rezept: Agenda 2010 plus für Europa

Das Rezept, das Deutschland im Herbst 2011 seinen kränkelnden Euro-Partnern verordnet hat, ist ganz einfach. Es heißt »Agenda 2010 plus«. Nach dem Vorbild der Agenda 2010 müssen die Krisenländer ihre Haushalte sanieren, Renten und Sozialleistungen kürzen und ihren Kündigungsschutz lockern. Als zusätzliches Element kommt das Gegenstück zur deutschen Schuldenbremse von 2009 dazu. Die strikten europäischen Regeln sollen künftige Rückfälle erschweren.

Dass sich Spar- und Reformprogramme sowie das Regelwerk an das deutsche Beispiel anlehnen, ist kein Zufall. Es hat aber nichts mit einem Versuch zu tun, Europa am deutschen Wesen genesen zu lassen. Stattdessen ist es einfach so: Deutschland war durch eigene Dummheit weit vor allen anderen Euro-Ländern in eine Krise geraten. Da es diese Krise letztlich erfolgreich bewältigt hat, lassen sich aus dem deutschen Wiederaufstieg Lehren ziehen, welche Reformen notwendig und erfolgversprechend sind. Der Fairness halber müssen wir dabei einräumen, dass gerade die Sparmaßnahmen, unter denen die Krisenländer von Griechenland bis Portugal, von Italien bis Spanien und Irland derzeit ächzen, weit über das hinausgehen, was Deutschland selbst sich in den Jahren seiner Reformen von 2003 bis 2006 auferlegt hatte.

Das Versprechen: Deutschland stützt alle Reformländer

Der vor allem von Deutschland und der Europäischen Zentralbank vorangetriebene Versuch, die angeschlagenen Randländer des Gemeinschaftsgeldes zu reformieren und dabei das Regelwerk für die Währungsunion insgesamt zu stärken, geht mit einem Versprechen einher: Jedes Land, das sich an die Regeln hält und seine Pflicht erfüllt, wird gegen jede Marktpanik verteidigt, notfalls unter Einsatz deutscher Garantien sowie der Europäischen Zentralbank.

Zu diesem Zuckerbrot gehört jedoch auch eine Peitsche: Wer wiederholt gegen die Regeln verstößt, verliert jeden Anspruch auf Hilfe. Dies ist die Drohung, die seit Anfang 2012 wie ein Damoklesschwert über Griechenland hängt.

Teil der Statik des neuen Regelwerkes ist auch ein faktisches deutsches Vetorecht über alle wichtigen Entscheidungen. Sowohl der vorläufige Rettungsschirm EFSF als auch der Dauerschirm ESM können ein Hilfsprogramm nur dann auflegen oder substanziell ändern, wenn vorher der Deutsche Bundestag zugestimmt hat. Darauf hat nicht nur Kanzlerin Merkel gepocht. Dies hat auch das Bundesverfassungsgericht unzweideutig festgeschrieben.

Formal hat nicht nur Deutschland dieses Vetorecht. Viele Entscheidungen für die Rettungsschirme müssen einstimmig (also ohne Gegenstimme) oder mit einer Mehrheit von 85 Prozent der gewichteten Stimmrechte getroffen werden. Auch andere Länder können also ein Vetorecht ausüben. In der Praxis hat sich jedoch gezeigt, dass es vor allem auf Deutschland ankommt. Andere Garantieländer können keinen vergleichbaren Einfluss ausüben. So konnten beispielsweise Bedenken Finnlands gegen ein zweites Rettungspaket für Griechenland auf die übliche europäische Art ausgeglichen werden, also mit sanftem Druck und einem kosmetischen Zugeständnis.

Mit dem Vetorecht der großen Geberländer über jeden einzelnen Einsatz der Rettungsschirme ist das wichtigste Kriterium erfüllt, das für gegenseitige Hilfen gelten muss, um Anreize zum Schlendrian zu vermeiden: Die Garantiegeber bestimmen und kontrollieren die Bedingungen, unter denen sie ihre Kredite oder Garantien einsetzen.

Von findigen Juristen wird gelegentlich angemerkt, der Vertragstext zum neuen europäischen Rettungsschirm ESM (Europäischer Stabilitätsmechanismus) erlaube es dem ESM, sowohl seine Befugnisse als auch sein Kapital ohne Zustimmung des Deutschen Bundestages auszuweiten. Dies ist falsch. Erstens kann der deutsche Vertreter, der an Weisungen des Deutschen Bundestages gebunden ist, mit seinem Veto nahezu alle Beschlüsse des ESM verhindern. Zweitens geht in der Praxis in der Euro-Krise kein Weg an Deutschland vorbei, das als einziges Land groß und kreditwürdig genug ist, um als Anker für alle Rettungsschirme zu dienen. Zudem hat nach dem Urteil des Bundesverfassungsgerichts zur Ratifikation des ESM-Rettungsschirmes die Euro-Zone formell die deutsche Interpretation des Textes anerkannt. Selbst wenn der ESM in einem bestimmten Punkt theoretisch einen folgenreichen Beschluss gegen deutschen Willen fällen könnte, würde ein Hinweis, künftig neue ESM-Hilfsprogramme und die Auszahlung fälliger Tranchen aus bereits bestehenden Hilfsprogrammen zu blockieren, den ESM sofort zur Umkehr zwingen. Denn die Turbulenzen, die ein derartiger Fingerzeig auslösen würde, könnte der ESM aus sich heraus kaum beherrschen.

Zwei Probleme, eine Lösung: Zeit kaufen

Der Versuch, die Randländer der Währungsunion zu sanieren und das gesamte Euro-Gebäude krisenfest zu machen, stößt allerdings auf zwei ernste Probleme. Erstens brauchen Reformen fast immer Zeit. Deutschland selbst hatte zwei bittere Jahre durchleben müssen, bevor sich nach den wesentlichen Reformen von 2004 ab 2006 endlich die ersten Ergebnisse am Arbeitsmarkt einstellten. Zweitens belastet eine scharfe Sparpolitik kurzfristig die Konjunktur. Da in der Rezession die Steuereinnahmen einbrechen und die Zahl der Menschen nach oben schnellt, die mangels ausreichender eigener Einkommen vom Staat alimentiert werden müssen, zeigen sich die Erfolge einer solchen Sparpolitik zumeist nicht während der Rezession. Zunächst bleibt das Defizit hoch. Erst wenn die Anpassungskrise nachlässt und wieder mehr Menschen Arbeit finden, wird auch in den tatsächlichen Zahlen zum Staatshaushalt sichtbar, dass der um konjunkturelle Einflüsse bereinigte Fehlbetrag spürbar zurückgegangen ist.

Seit dem Lehman-Schock sind die Finanzmärkte jedoch zu ungeduldig, um angeschlagenen Ländern die Zeit einzuräumen, bis die Erfolge ihrer neuen Politik voll sichtbar werden. Damit die Länder nicht mitten im Reformprozess scheitern, lohnt es sich, sie notfalls durch deutsche Garantien und Hilfskredite abzusichern.

Kein vom Deutschen Bundestag aufgespannter und von der Europäischen Zentralbank wetterfest gemachter Rettungsschirm kann die Probleme der Krisenländer lösen. Aber Europa kann seine Randländer gegen Finanzstürme absichern und ihnen damit die Zeit kaufen, die sie brauchen, bis sie selbst die Früchte ihrer neuen Politik ernten und dann die erhaltenen Hilfskredite gut verzinst zurückzahlen können.

Natürlich ist ein Eingriff, mit dem Europa letztlich Zeit kauft, nur dann gerechtfertigt, wenn die Wirtschaftspolitik die eigentlichen Ursachen der Krise angeht. Genau darauf sind die Bedingungen ausgerichtet, an die sowohl Deutschland als auch die EZB ihre Hilfsbereitschaft knüpfen.

Reformdruck tut not

Zum Verhaltensmuster in der Euro-Krise gehört auch, dass Deutschland und die Europäische Zentralbank gewisse Turbulenzen durchaus zulassen. Die Krise wird nicht durch einen einzigen Eingriff beendet, weder durch Eurobonds noch durch einen an keinerlei Bedingungen gebundenen Großeinsatz der Notenbank. Die Turbulenzen werden immer nur eingegrenzt. Das ergibt Sinn. Schließlich soll es weiter Reformdruck geben.

Es ist wie bei einer Diät. Es gibt keine Lösung an einem Tag. Schlechte Gewohnheiten müssen geändert, bessere Gewohnheiten langsam einstudiert werden. Dazu zimmern Berlin, Frankfurt und Brüssel einen Rahmen, der Rückfällen wirksam vorbeugen kann.

Welche Maßnahmen wann geboten sind, um den Reformdruck aufrechtzuerhalten, ohne die Krise außer Kontrolle geraten zu lassen, ist vorab selten klar zu erkennen. Aber bei jedem Schritt achten vor allem Berlin und Frankfurt peinlich darauf, dass es Leistung nur gegen Gegenleistung gibt, Hilfe nur gegen Reformen und Kontrollen. Dies ist genau der richtige Weg.

Eurobonds? Gott bewahre

Falsch wäre es, einfach Haftung zu übernehmen, bedingungslos und uneingeschränkt. Deshalb lehnen sowohl die Bundesregierung als auch das Bundesverfassungsgericht die sogenannten »Eurobonds« schlicht ab. Hinter dem Vorschlag solcher Gemeinschaftsanleihen steht die Idee, dass alle Mitgliedsländer ihre jeweils neu zu begebenden Staatsanleihen gegenseitig garantieren. Faktisch hieße dies, Spanien und Italien könnten sich künftig mit einer deutschen Garantie verschulden. Das darf nicht sein.

Entweder werden Eurobonds in einem ganz engen Sinne verstanden: Jedes Mitgliedsland darf eine Anleihe nur dann begeben, wenn in jedem Einzelfall der Deutsche Bundestag vor der Herausgabe geprüft hat, ob das betreffende Land sich an alle gesetzten Bedingungen hält. Dann wären Eurobonds nur ein anderer Name für die bereits eingespielte Praxis, dass die europäischen Rettungsschirme nur mit Zustimmung aus Berlin eine Hilfstranche auszahlen dürfen. Solche Eurobonds würden nichts bewirken. Die Befürworter dieser Anleihen verstehen sie dagegen als Instrument, den Krisenländern dauerhaft mit einer deutschen Garantie den Zugang zu Kapital zu ermöglichen. Damit würden nicht nur falsche Anreize gesetzt, sondern vor allem der von der deutschen Regierung bisher immer durchgesetzte Grundsatz, dass es Hilfe nur gegen Reformen und Kontrollen geben kann, eklatant verletzt. Eurobonds sind entweder sinnlos – oder sie sind gefährlich und verfassungswidrig.

Vermutlich wären Gemeinschaftsanleihen im Ernstfall sogar weitgehend nutzlos. Für die Anleihen, die der vorläufige Rettungsfonds EFSF in genau begrenztem Umfang begeben kann, haften die Euro-Länder bereits gemeinsam. Sie sind so etwas wie Baby-Eurobonds. Selbst dieser EFSF hatte bei zugespitzter Euro-Krise im November 2011 Schwierigkeiten, Käufer für seine eigenen Anleihen zu finden. Wie können dann allgemeine Eurobonds an Anleger verkauft werden, die sich in einer akuten Krise panikartig von der Euro-Zone abwenden?

Schuldentilgungsfonds?

Diese Bedenken gegen Eurobonds gelten in abgeschwächter Form auch für den vom deutschen Sachverständigenrat entworfenen Schuldentilgungsfonds. Je nach der Art, wie dieser Fonds ausgestaltet wird, fällt auch dieser Vorschlag, Schulden zu vergemeinschaften, entweder in die Kategorie »nahezu wirkungslos« oder in die Schublade »zu weitgehend und damit gefährlich und rechtlich bedenklich«.

Exkurs: Ist alles illegal?

Gerade in der deutschen Debatte taucht vielfach der Einwand auf, alle Hilfen für angeschlagene Euro-Mitglieder würden gegen Buchstaben und Geist der europäischen Verträge verstoßen. Sie seien schlicht illegal. Dies gelte nicht nur für Eurobonds oder einen Schuldentilgungsfonds, sondern auch für die im Umfang ausdrücklich begrenzten Rettungsfonds, die Europa bereits eingerichtet hat und die wir alles in allem für sinnvoll und gut durchdacht halten. Dieser weitgehende und ernsthafte Einwand verdient einen näheren Blick.

Im Maastricht-Vertrag über eine europäische Währungsunion hatte Deutschland im Jahr 1992 eine Nichtbeistandsklausel durchgesetzt. Die Klausel, die mittlerweile als Artikel 125 in den Vertrag über die Arbeitsweise der Europäischen Union übergegangen ist, legt fest, dass weder die Union noch ein Mitgliedsstaat für die Verbindlichkeiten eines anderen Mitgliedsstaates haftet und nicht für derartige Verbindlichkeiten einzustehen hat. Dies bedeutet eindeutig, dass kein Mitgliedsland gegen seinen Willen gezwungen werden kann, die Schulden eines anderen zu übernehmen. Ob diese Klausel auch ausschließt, dass Mitgliedsländer sich freiwillig entschließen, zur Abwehr ernsthafter Ansteckungsgefahren für die Schulden eines anderen Mitgliedslandes zu haften, ist juristisch umstritten.[8]

Die Art, wie Texte ausgelegt werden, kann sich auch im Zeitablauf ändern. Um mit einem Beispiel aus dem Bereich der Religion zu beginnen. Nur Fundamentalisten bestehen darauf, heilige Schriften über die Zeitläufte immer gleich zu interpretieren. Eine der wesentlichen Grundlagen der Moderne ist es, auch ewige Wahrheiten im Lichte der Zeit jeweils neu verstehen zu lernen. Das gilt nicht nur für das Alte Testament der Bibel und den Koran.

Eine strikte Interpretation des Verbots der Übernahme von Staatsschulden anderer Länder machte Sinn im Zeitalter vor Lehman. Die Väter und Mütter des Euro haben sich derartige Ansteckungsgefahren, wie sie beim Lehman-Schock auftraten und wie sie seitdem in Europa drohen, kaum vorstellen können. Dass Turbulenzen, die von einem Winzling wie Griechenland ausgehen, Deutschland direkt von der Hochkonjunktur an den Rand der Rezession befördern könnten, dürfte wohl selbst in ihren schlimmsten Albträumen nicht vorgekommen sein. Dass aus einem griechischen Problem letztlich eine Gefahr für die Stabilität und Existenz des Gemeinschaftsgeldes insgesamt werden könnte, lag außerhalb ihres Fassungsvermögens.

Seit Lehman ist die Welt anders, in zweierlei Hinsicht. Erstens haben wir schmerzlich erfahren müssen, welche ungeahnten Schäden ein Finanzinfarkt anrichten kann. Zweitens ist die Anfälligkeit für einen Finanzinfarkt dramatisch gestiegen, da die Sparer und Anleger an den Finanzmärkten, aber auch die Unternehmen in der Realwirtschaft bis heute selbst auf kleine Anlässe weit schreckhafter reagieren als früher.

Hätten die Väter und Mütter des Maastricht-Vertrages auch nur geahnt, dass eine an strikte Bedingungen geknüpfte Hilfe für

Freunde und Partner sich dereinst als einziger Weg herausstellen könnte, Deutschland selbst vor dramatischen Gefahren abzuschirmen, hätten sie die Nichtbeistandsklausel vermutlich eindeutiger formuliert. Eindeutiger in dem Sinne, dass es nie eine Haftungsautomatik geben kann, dass aber jedes Land aus wohlverstandenem Eigeninteresse sich freiwillig an gegenseitigen Beistandspakten beteiligen darf.

Alles in allem hat die deutsche und europäische Politik daraus die richtigen Schlüsse gezogen: Hilfen für andere sind dann und nur dann sinnvoll, wenn die Ansteckungsgefahren den Euro insgesamt gefährden und das entsprechende Land diese Hilfen verdient. Die europäischen Institutionen und der Deutsche Bundestag haben bisher alle Hilfsprogramme und Rettungsschirme zutreffend so begründet. Um jeglichen Anschein einer rechtlichen Grauzone zu vermeiden, hat die Euro-Zone mit dem Vertrag über den ständigen Rettungsschirm ESM auch die europäischen Verträge um eine Klausel ergänzt, die in Artikel 136 jetzt ausdrücklich einen Stabilitätsmechanismus ermöglicht, um »im Notfall die Stabilität der Euro-Zone als Ganzes zu sichern«, dessen Einsatz »strikten Bedingungen unterworfen« wird.

Sollte ein Land den Bedingungen für derartige Hilfen nicht mehr genügen, ist es umso wichtiger, andere Länder glaubhaft vor Ansteckungsgefahren zu schützen. Der eigentliche Zweck der Euro-Rettungsschirme ist es ja nicht, Länder bei Bedarf zu stützen, sosehr dies auch gewünscht ist. Der Hauptzweck ist es, die anderen Länder vor den Turbulenzen zu bewahren, die von einem Krisenkandidaten ausgehen können.

Kapitel IX: Es lohnt sich – Fortschritte in Europa

Die große Konvergenz: Die Randländer holen auf

Reformen nach dem Vorbild der Agenda 2010 – dieses Rezept haben Frau Dr. Merkel aus Berlin und Herr Dr. Draghi von der Zentralbank in Frankfurt den angeschlagenen Randländern der Währungsunion verordnet. Gleichzeitig bemühen sie sich, die Patienten während der schmerzhaften Therapie zu stützen und andere Länder vor Ansteckungsgefahren zu bewahren. Das wirft die Frage auf, ob das Rezept stimmt und die Therapie anschlägt.

Entgegen mancherlei Unkenruf ist der Befund eindeutig. Die Richtung stimmt. In einigen Bereichen sind die Fortschritte sogar atemberaubend. Beginnen wir mit der Grafik 3 unten, die die Außenwirtschaft Spaniens zeigt. Volkswirte sprechen in ihrer Fachsprache oft vom Außenbeitrag. Er misst die Differenz zwischen Einfuhr und Ausfuhr, genau genommen zwischen den Gütern und Dienstleistungen, die ein Land aus dem Ausland bezieht, und den Gütern und Leistungen, die es selbst an das Ausland liefert. Ist dieser Beitrag für lange Zeit sehr negativ, lebt das Land über seine Verhältnisse. Ist der Beitrag positiv, verbraucht das Land weniger, als es selbst herstellt. Es legt Ersparnisse im Ausland an, da es im Gegenzug für seinen positiven Außenbeitrag ja Ansprüche gegenüber dem Ausland aufbaut.

Spanien hatte sich nach 2003 ein Riesendefizit in seiner Außenbilanz geleistet. Ähnlich wie in den USA, Großbritannien und in Irland hatten auch in Spanien die niedrigen Zinsen einen Boom im Wohnungsmarkt ausgelöst, der in einer Blase endete. Einige Jahre lang wurden in Spanien fast so viele neue Wohnungen gebaut wie im gesamten Rest der Euro-Zone zusammen. Am Ende waren die Preise für Häuser viel zu hoch, viele Wohnungen standen leer. Aus dem Traum immer größerer und teurer Neubausiedlungen wurden unfertige Geisterstädte voller Bauruinen, von denen viele wohl nur noch abgerissen werden können.

Während des Booms ließen es sich viele Spanier – und betuchte Ausländer in Spanien – auf Kredit gut gehen. Die Menschen im Land arbeiteten zwar fleißig, die Leistung stimmte, die Ausfuhren wuchsen. Aber die Abende in Spanien sind lang, oft enden sie erst weit nach Mitternacht. An diesen langen Abenden nach der Arbeit trank das Land in den süßen Jahren von 2004 bis 2007 bildlich gesprochen kollektiv einen über den Durst. Oder zwei. Das zeigte sich in einem wahren Einfuhrrausch, der so weit ging, dass die Einfuhren die Ausfuhren um einen Betrag überstiegen, der 2007 mehr als 10 Prozent der Wirtschaftsleistung ausmachte. Das Land lebte teils auf Pump.

Die Blase platzte Ende 2007. Seitdem herrscht Katerstimmung, verstärkt noch durch den Einbruch der Weltwirtschaft im Zuge der Lehman-Katastrophe. Aber es tut sich etwas. Seinen übermäßigen Appetit auf Einfuhren hat Spanien korrigiert. Stattdessen blüht die Ausfuhr. In den drei Jahren von Anfang 2009 bis zum Frühjahr 2012 legte die spanische Ausfuhr von Gütern und Leistungen um 26,1 Prozent zu. Das kommt fast an den deutschen Ausfuhrerfolg von 30,5 Prozent heran. Gleichzeitig nahm die Einfuhr in Spanien nur noch um 5,1 Prozent zu, weit unter dem deutschen Vergleichswert von 20,2 Prozent. Spanien hat sich heute sogar bereits einen kleinen Überschuss in seiner Außenbilanz erarbeitet. Der Außenbeitrag ist positiv.

Grafik 3: Spanischer Außenbeitrag

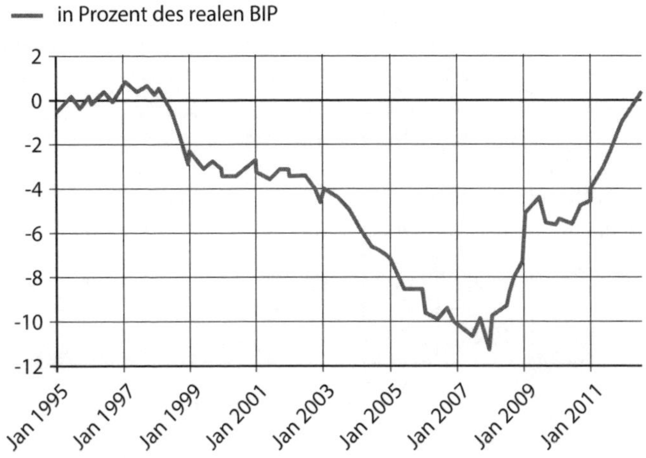

Ausfuhr minus Einfuhr von Gütern und Dienstleistungen in Prozent des Bruttoinlandsprodukts, in Preisen von 2000.

Quelle: Eurostat

Reformerfolge im Überblick

Aber einzelne Beispiele können täuschen. Deshalb haben wir in der großen Tabelle die wesentlichen Fortschritte systematisch zusammengestellt. Für alle fünf Krisenländer vergleichen wir die Entwicklung in drei entscheidenden Bereichen. Wir schauen auf Ausfuhrerfolge, Einschnitte im Staatshaushalt und Lohnkosten.

Ausfuhrerfolge

Der Umschwung in der Außenwirtschaft ist beeindruckend. Vor einigen Jahren waren alle heutigen Krisenländer mit Ausnahme Irlands tief in den roten Zahlen, Griechenland, Spanien, Portugal ganz besonders, Italien etwas weniger. Die Tabelle zeigt, um wie viel sich der Außenbeitrag bis zum Frühjahr 2012 verbessert hat

Tabelle 3: Die europäische Reformliga

	Außenbeitrag Anstieg bis 2012		**Sparerfolge** 2009–2012		**Lohnkosten** Anstieg 2009–2012		**Rang insgesamt**
	% des BIP	Rang	% des BIP	Rang	in %	Rang	
Griechenland	9,0	4	13,5	1	–12,7	1	1
Spanien	10,8	3	6,1	3	–7,5	2	2
Irland	18,2	2	5,8	4	–6,1	4	3
Portugal	10,2	7	8,3	2	–5,7	5	4
Italien	2,1	10	3,4	7	0,4	12	10
Deutschland	–0,6	14	0,7	13	1,9	15	16
Euro-Zone	2,3	–	3,0	–	–1,8	–	

Außenbeitrag: Ausfuhren minus Einfuhren an Gütern und Dienstleistungen; Außenbeitrag und Sparmaßnahmen in % des Bruttoinlandsproduktes. Außenbeitrag für Griechenland geschätzt. Sparerfolge geben den Rückgang des gesamtstaatlichen Haushaltsdefizites an, bereinigt um Zinszahlungen und konjunkturelle Effekte; Lohnkosten beziehen sich auf die realen Lohnstückkosten; Rang bezeichnet die Rangfolge unter den 17 Euro-Mitgliedern, wobei »1« für den Spitzenplatz steht.

Quelle: Eurostat; eigene Berechnungen

im Vergleich zum zweiten Halbjahr 2007, das für viele Länder den Gipfel des Lebens auf Pump dargestellt hatte. Griechenland, Spanien und Portugal haben ihre Außenbilanz jeweils um einen Betrag verbessern können, der etwa 10 Prozent ihrer jährlichen Wirtschaftsleistung entspricht. Das besonders kleine und weltoffene Irland liegt sogar weit darüber. Italien hinkt hinterher, ist aber im Gegensatz zu allen anderen Reformstaaten erst im Herbst 2011 unter Anpassungsdruck geraten. Nur Griechenland hat heute noch einen Fehlbetrag in seiner Außenbilanz von etwa 3 Prozent. Die Ausfuhrlücke nimmt aber rapide ab und dürfte bis Ende 2013 ganz verschwunden sein. Im Gegensatz dazu ist der deutsche Überschuss in der Außenbilanz heute etwas kleiner als in der zweiten Hälfte 2007.

In der Tabelle zeigen wir neben den eigentlichen Werten auch eine Rangfolge, wobei Rang 1 den größten Fortschritt und Rang 17 den deutlichsten Rückschritt unter allen Euro-Mitgliedern kennzeichnet. Für diese Rangfolge beim Außenbeitrag haben wir dabei neben dem in der Tabelle aufgeführten Umschwung in der Bilanz auch die Ausgangslage berücksichtigt. Für Griechenland mit einer vergleichsweise kleinen Außenwirtschaft ist eine Verbesserung in der Außenwirtschaft um 9 Prozent der Wirtschaftsleistung eine beeindruckendere Leistung, als es das für Irland mit seiner traditionell hohen Aus- und Einfuhr wäre.

Einschnitte im Staatshaushalt

Die Schmerzen der Reform- und Sparpolitik zeigen sich besonders im Staatshaushalt. Alle Krisenländer haben massiv ihre Staatsausgaben gekürzt und Steuern erhöht. Dabei ist der Gesamtumfang bisher in Italien relativ gering, da das Land ja erst im Herbst 2011 unter Anpassungsdruck geraten ist, während Griechenland bereits Ende 2009 mit den Maßnahmen anfangen musste. Für Griechenland belaufen sich die Korrekturen im Staatshaushalt seitdem auf 13,5 Prozent der Wirtschaftsleistung, für Portugal immerhin auf über 8 Prozent.

Der Vorwurf, die Krisenländer am Rande des Euro würden nicht eifrig sparen, wird durch die Fakten eindeutig widerlegt. Allerdings müssen wir eines berücksichtigen. Diese Zahlen zeigen, um wie viel die Länder ihre staatlichen Leistungen insgesamt gesenkt und die Steuersätze insgesamt erhöht haben. Als Folge der harten Sparpolitik ist die Binnenkonjunktur in diesen Ländern jedoch regelrecht eingeknickt. Wenn ein Land die Mehrwertsteuer um 5 Prozentpunkte anhebt, aber die Einzelhandelsumsätze um 20 Prozent einbrechen, nehmen die Staatseinnahmen zunächst einmal nicht zu. Wenn die Leistungen an Arbeitslose um 20 Prozent gekürzt werden, gleichzeitig aber in der Rezession die Arbeitslosigkeit um 20 Prozent steigt, ist der Gesamteffekt auf den Staatshaushalt ebenfalls zunächst gering. Aus diesem Grund haben sich die tatsächlichen Defizite in den Staatshaushalten der Länder um weit weniger eingeengt, als es den eigentlichen Sparbeschlüssen entspricht. Erst wenn die Rezession einem neuen Aufschwung weicht, in dem die Steuereinnahmen wieder normal sprudeln und die Arbeitslosigkeit zurückgeht, werden die Sparerfolge voll sichtbar werden. Im Kauderwelsch der Volkswirte gesprochen beziehen sich die Zahlen, die wir in der Tabelle zum Staatshaushalt darstellen, auf den um konjunkturelle Schwankungen sowie um Zinszahlungen bereinigten Saldo im Staatsbudget.

Deutschland hat von 2009 bis 2012 insgesamt seine Haushaltspolitik kaum gestrafft. Das macht auch einen gewissen Sinn. Dank seiner früheren Reformen ist Deutschland ja ohnehin auf dem Weg zu einem ausgeglichenen Budget. Allerdings möchte man sich manchmal wünschen, dass der Tonfall in der deutschen Debatte über die Sparpolitik an den Randländern Europas etwas mehr der Tatsache Rechnung trüge, dass Deutschland sich selbst nichts mehr von dem zumutet, was es anderen Ländern predigt. Vor acht Jahren hat Deutschland selbst Wasser getrunken, während andere Länder es sich beim Wein gut gehen ließen. Heute wirkt es manchmal so, als ob Deutschland zwar Essig predigt, selbst aber wieder dem Wein zuspricht.

Sinkende Lohnkosten

Auch bei den Lohnkosten ist der Befund eindeutig. Unter dem Druck der Krise müssen die Arbeitnehmer an der Euro-Peripherie erhebliche Einbußen hinnehmen. Volkswirte schauen gerne auf die »realen Lohnstückkosten«, also auf die Lohnkosten pro hergestelltem Produkt (dem Stück), bereinigt um den gleichzeitigen Anstieg der Absatzpreise (inflationsbereinigt wird gerne als »real« bezeichnet). Diese Lohnkosten pro Stück sind im Jahr 2012 in Griechenland 12,7 Prozent niedriger als 2009, für Spanien beträgt der Rückgang 7,5 Prozent, für Portugal und Irland jeweils etwa 6 Prozent. In Deutschland sind diese Kosten dagegen um 1,9 Prozent gestiegen.

Insgesamt kommen die Länder der Euro-Zone sich wirtschaftlich immer näher. Dort, wo Bürger und Staat vor der Krise über ihre Verhältnisse gelebt haben, müssen alle den Gürtel enger schnallen – sehr viel enger. Während die Ausfuhr zulegt, sinken Binnennachfrage und Löhne. Gleichzeitig sehen wir in Deutschland einen Trend zu einem etwas genussvolleren Leben. Gemessen an Ausfuhrkraft, Staatshaushalt und Lohnkosten kommen Kerneuropa und die Peripherie sich in Riesenschritten näher. Sie tun dies in einem solchen Tempo, dass die öffentliche Diskussion gerade in Deutschland bisher offenbar noch nicht die Zeit gefunden hat, den Befund zur Kenntnis zu nehmen und zu würdigen.

Diese Konvergenz gilt nicht für die kurzfristige Konjunktur. Die notwendige Korrektur der Staatshaushalte am Rande Europas und die bereits gute Lage in Deutschland zeigen sich ja gerade darin, dass die Randländer in einer tiefen Rezession stecken, während Deutschland sich vergleichsweise gut hält. Aber dies ist nur eine vorübergehende Nebenwirkung der Therapie. Das Auseinanderdriften der kurzfristigen Nachfrage darf nicht darüber hinwegtäuschen, dass sich die Länder in ihren langfristig prägenden Strukturen wesentlich ähnlicher werden. Die gelegentliche Behauptung, Randeuropa würde »deutscher«, führt allerdings in die Irre. Schließlich steckte Deutschland bis etwa 2005 selbst in einer tiefen Strukturkrise. Damals stand »deutsch« für »Reformstau« und »Standortflucht«. Diesem Deutschland nähern sich die Randländer Europas zum Glück nicht an. Eine gute Wirtschaftspolitik ist nicht »deutsch«. Sie ist einfach nur gut, sowohl für Deutschland als auch für andere Länder.

Die Legende von der mangelnden Wettbewerbsfähigkeit

In diesem Zusammenhang gilt es auch mit zwei ebenso verbreiteten wie unsinnigen Legenden aufzuräumen: zum einen der Legende von der mangelnden Wettbewerbsfähigkeit, zum anderen der Legende vom heilsamen Austritt.

Kaum ein Vorurteil wird in der Debatte über die Euro-Krise öfter wiederholt als der pauschale Hinweis, den Randländern der Euro-Zone mangele es an Wettbewerbsfähigkeit. Garniert wird diese Legende oft mit einfachen Grafiken, die zeigen, dass in den ersten zehn Jahren nach Beginn der Währungsunion im Jahr 1999 die Lohnstückkosten in den Krisenländern weit schneller gestiegen sind als in Deutschland. An dieser Diagnose ist nicht alles falsch. Aber vieles.

Zunächst einmal ist der übliche Vergleich schlicht unfair. Denn vor rund zehn Jahren war Deutschland das mit Abstand schwächste Land Europas. Es litt derart unter überhöhten Produktionskosten, dass seine Unternehmen reihenweise Reißaus nahmen und immer mehr Betriebsstätten in billigere Länder wie die Slowakei oder nach China verlagerten. Zu einem erheblichen Teil zeigen die Grafiken zur Entwicklung europäischer Lohnstückkosten seit 1999 nur auf, dass Deutschland sich aus einer katastrophalen Lage herausgearbeitet und wieder aufgeholt hat. Das heißt noch lange nicht, dass die anderen Länder zu teuer geworden sind.

Zudem sind die Lohnstückkosten das falsche Maß für Wettbewerbsfähigkeit. Wenn es nach der Höhe der Kosten ginge, dürfte es deutsche Güter auf den Weltmärkten längst nicht mehr geben. Deutschland ist teuer. Aber es ist eben auch gut. Ginge es um den Zuwachs dieser Kosten, müsste China angesichts seines raschen Anstiegs der Lohnkosten in den vergangenen zehn Jahren langsam vom Weltmarkt verschwinden. Auch das ist nicht der Fall.

Nein. Die Wettbewerbsfähigkeit eines Landes können wir nicht zuerst an den Kosten messen. Wie bei einem Unternehmen müssen wir zunächst fragen: Kann es seine Güter und Dienstleistungen verkaufen? Bei Porsche fragen wir ja auch nicht als Erstes, ob die Lohnstückkosten (also die Lohnkosten pro Auto) höher sind als bei Opel. Stattdessen schauen wir auf Absatz und Gewinn. Wenn wir dort Probleme erkennen, kann ein Missverhältnis zwischen Lohnkosten und Produktivität ein möglicher Grund dafür sein. Ähnliches gilt auch für die Summe aller Unternehmen, die die Wirtschaftskraft eines Landes prägen. Als Erstes müssen wir schauen, ob das Land Märkte für seine Güter und Leistungen findet. Einige kleine Randländer der Euro-Zone haben damit tatsächlich für längere Zeit Probleme gehabt. Bis zur Euro-Krise galt das für Portugal und Griechenland. Für das wesentlich gewichtigere Spanien traf dies nie zu. Denn bereits seit 1995 sind die spanischen Ausfuhren immer mindestens so schnell gewachsen wie die Ausfuhren der Euro-Zone insgesamt. In Europa war Spanien mit seiner Ausfuhrkraft schon vor der Krise guter Durchschnitt.

Gemessen an der Ausfuhrkraft ist Frankreich mit seiner seit zehn Jahren bei 30 Prozent verharrenden Ausfuhrquote das eigentliche Problemkind unseres Kontinents. Sofern Frankreich sich nicht am Riemen reißt, könnte uns in fünf Jahren eine französische Krise blühen. Da die Politik unter Hollande in Frankreich derzeit genau in die falsche Richtung geht, nimmt dieses Risiko allmählich zu. Aber nur sehr langsam, da Frankreich viel von einer an sich hervorragenden Substanz zehren kann. Was bleibt: Für die Randländer Europas ist der Vorwurf mangelnder Wettbewerbsfähigkeit viel zu pauschal.

Schließlich vernachlässigen die Hinweise auf eine angeblich mangelnde Wettbewerbsfähigkeit, wie schnell die Krisenländer sich wandeln. Was im Falle Griechenlands und Portugals im Jahr 2009 richtig war, ist mittlerweile von der Geschichte überholt.

Die Legende vom heilsamen Austritt

Aus deutschen Elfenbeintürmen schallt es manchmal heraus, wir täten den Griechen doch nur einen Gefallen, wenn wir sie aus dem Euro heraussetzten. Das Land könne doch nur mit einer eigenen Schwachwährung, einer neuen Drachme, wieder wettbewerbsfähig werden.

Die Wirklichkeit straft diese Behauptung Lügen. Das Ausland bestellte in Griechenland in den ersten vier Monaten des Jahres 2012 sogar 21 Prozent mehr Industriegüter als zwei Jahre zuvor.[9] Das Defizit in der griechischen Außenbilanz ist seit dem Beginn der Spar- und Reformpolitik erheblich zurückgegangen, wenn auch weniger als in einigen anderen Reformländern.

Griechenland hat viele ernste Probleme. Aber eine mangelnde Wettbewerbsfähigkeit, die sich durch das Abwerten einer eigenen Währung korrigieren ließe, gehört nicht auf diese Liste. Bei vielen Gesprächen mit Griechen über das, woran ihr Land krankt und weshalb selbst vermögende Griechen ihr Geld lieber in Berliner Reihenhäuser stecken, als es im eigenen Land zu investieren, haben die reinen Lohnkosten keine Rolle gespielt. Griechenland krankt chronisch an zu viel Bürokratie, an übermäßigen Regulierungen und einem aufgeblähten Staatsapparat. Akut leidet es noch mehr unter der Unsicherheit über das Schicksal des Landes. Unternehmer und andere Investoren halten sich zurück, solange sie befürchten müssen, dass sie ihr Geld dereinst in Drachme statt in Euro zurückerhalten könnten. Dass die Zahl deutscher Touristen in Griechenland im Frühjahr 2012 nach einigen Berichten um bis zu 30 Prozent eingebrochen ist, stellt für die griechische Wirtschaft einen empfindlichen Verlust dar, den die zahlreicher werdenden Russen nur begrenzt ausgleichen können. Aber mit einem angeblichen Verlust an Wettbewerbsfähigkeit, der durch einen Rausschmiss aus dem Euro behoben werden könnte, hat dies nichts zu tun.

Griechenland braucht zweierlei. Zum einen Ruhe. Wenn das künftige Schicksal des Landes sich geklärt hat und das Land wieder etwas aus den Schlagzeilen verschwindet, werden Investoren und Touristen die hellenischen Attraktionen neu entdecken können. Zum anderen braucht es Reformen vor allem im Staatsapparat mit einem weitreichenden Abbau von Regulierungen. Dies lässt sich am besten erreichen, wenn das Land im Euro bleibt und seine europäischen Partner den Reformfortschritt überwachen und anleiten können.

Nach einem Austritt aus der Währungsunion könnte Griechenland nicht nur kurzfristig das Chaos drohen. Es würde sich auch dauerhaft der Reformpeitsche Euro entziehen. Zu befürchten wäre, dass in Griechenland in den kostspieligen Wirren des Austritts eine linksradikale Regierung die Macht übernehmen könnte, die viele Reformen zurückdrehen würde. Auch eine noch so schwache neue Währung kann die fatalen Folgen einer überregulierten und gefesselten Privatwirtschaft nicht lange übertünchen. Außerhalb des Euro würde den Griechen das argentinische Schicksal drohen. Dort hatte zwar nach einer dramatischen Abwertung der eigenen Währung gegenüber dem US-Dollar Ende 2001 und 2002 ein Anstieg der Weltmarktpreise für Fleisch und andere Nahrungsmittelausfuhren Argentiniens dem Lande kurzfristig etwas Luft verschafft. Aber von echten Wirtschaftsreformen hat man seitdem am Rio de la Plata nichts mehr gehört. Stattdessen marschiert Argentinien unter linkspopulistischen Regierungen immer weiter in die Misswirtschaft mit neuen Staatsschulden.

Ob Griechenland es schafft, ist eine offene Frage. Aber wenn und solange es sich bemüht, ist es im Euro weit besser aufgehoben als außerhalb des Gemeinschaftsgeldes.

Kapitel X:
Ein verlässliches Sicherheitsnetz: Zur Rolle der EZB

Warum brauchen wir ein Sicherheitsnetz?

Seit Beginn der Euro-Krise Anfang 2010 haben wir immer wieder dargelegt, dass Europa neben umfangreichen Strukturreformen, effizienteren Regeln und Kontrollen sowie einer strikteren Haushaltsdisziplin vor allem auch ein zuverlässiges Sicherheitsnetz braucht. Nicht, damit das kleine Griechenland sich in einer sanften Hängematte ausruhen kann. Nein, um zu verhindern, dass dramatische Turbulenzen überspringen können vom siechen griechischen Zwerg auf wesentlich gesündere Riesen und auf die gesamte Euro-Zone selbst. Aber wer kann das Sicherheitsnetz aufspannen?

Die Rolle der Europäischen Zentralbank

Sowohl die Lehman-Krise als auch die Reaktionen an den Finanzmärkten auf EU-Gipfel und EZB-Entscheidungen in den letzten zweieinhalb Jahren zeigen: Hochgradig verunsicherte Sparer und Anleger lassen sich nur von der Zentralbank beruhigen, nicht von politischen Weichenstellungen allein. Wenn die Zentralbank selbst handelt oder ein politisches Ergebnis tatkräftig begleitet, wie sie es am 10. Mai 2010, am 6. Dezember 2011 und Ende Juli 2012 getan hat, beruhigt sich die Lage. Wenn sie dies unterlässt, wie es am 6. Mai 2010, am 26. Oktober 2011 und am

5. Juli 2012 der Fall war, verschärft sich die Krise zunächst – bis die Zentralbank sich dann eines Besseren besinnt.

Der allgemeinen Wirtschaftspolitik kommen zwei Aufgaben zu. Erstens muss sie den Empfängerländern Bedingungen für jeglichen Hilfseinsatz auferlegen. Zweitens muss sie die eigentlichen Ursachen beseitigen, die einzelne Länder und die Euro-Zone als Ganzes anfällig für eine Massenpanik der Sparer und Anleger gemacht haben. Aber die zerstörerische Panik kann im Ernstfall nur die Zentralbank stoppen.

Auch aus dem Mandat der EZB selbst ergeben sich unmittelbar zwei Gründe für einen Eingriff.

- Erstens ist es der Auftrag der Zentralbank, den Geldwert stabil zu halten. Dafür muss sie einen deflationären Kollaps der Wirtschaft ebenso verhindern wie einen inflationären Boom. Noch zeichnet sich für die Euro-Zone keine Deflation ab. Aber das Abrutschen der Euro-Zone in eine Rezession seit der Eskalation der Euro-Krise im Sommer 2011 weist auf langsam zunehmende Deflationsgefahren hin. Denen muss die EZB sich entgegenstellen, wie sie dies ab Ende Juli 2012 auch getan hat.
- Zweitens hat die Europäische Union im Vertrag von Maastricht der Europäischen Zentralbank die Aufgabe übertragen, die Geldpolitik für die gesamte Europäische Währungsunion zu betreiben. Wie sie die Geldpolitik gestaltet, hat der Vertrag der unabhängigen EZB bewusst selbst überlassen. Zum Mandat der EZB gehört damit auch, ihre Instrumente so zu wählen und einzusetzen, dass sie mit diesen Instrumenten eine wirksame Geldpolitik ausüben kann. Um es auf die Spitze zu treiben: Wenn die Zentralbank sich darauf beschränken würde, von der Vorstandsetage des Frankfurter Eurotowers Seifenblasen in die Luft zu pusten, würde sie ihrer Aufgabe offenkundig nicht nachkommen.

Ob die Europäische Zentralbank die richtigen Instrumente für eine wirksame Geldpolitik einsetzt, können wir nur an den Ergebnissen beurteilen. Unter normalen Umständen beschränkt eine Zentralbank sich darauf, Leitzinsen so zu setzen und Banken so mit Liquidität zu versorgen, dass sich Geld- und Kreditmenge sowie schließlich die Konjunktur und dann das allgemeine Preisniveau wie gewünscht entwickeln.

Seit dem Beschluss über einen griechischen Schuldenschnitt Mitte 2011 bewirken diese traditionellen Instrumente aber kaum etwas. Obwohl die EZB ihren Leitzins schrittweise von 1,5 Prozent im November 2011 auf 0,75 Prozent Anfang Juli 2012 gesenkt hat, wurde das Wirtschaftsklima bis August 2012 immer frostiger. Der Kanal, durch den ein geldpolitischer Impuls normalerweise auf die Wirtschaft übertragen wird, ist nachhaltig verstopft. Aus Angst vor einem Schuldenschnitt auch in weit solideren Ländern als Griechenland flüchten Anleger aus der Euro-Peripherie, und aus Sorge um den Fortbestand der Währungsunion reichen Banken in weiten Teilen der Euro-Zone ihre Liquidität nicht an Kunden weiter.

Bis Mitte 2011 konnten vergleichbare Unternehmen aus Spanien und Italien sich zu den gleichen Kosten Kapital besorgen wie ihre deutschen Wettbewerber. Seit dem Einsetzen der Kapitalflucht aus Südeuropa gen Norden im Juli 2011 hat sich eine dramatische Kluft aufgetan. Für Kredite von bis zu einer Million Euro mit einer Laufzeit von ein bis fünf Jahren mussten italienische und spanische Unternehmen im Juli 2012 etwa 2,5 Prozentpunkte mehr an Zinsen bezahlen als deutsche Unternehmen – sofern sie in Italien und Spanien überhaupt noch Kredit erhalten konnten. Damit war die Geldpolitik, die sich ja letztlich an Haushalte und Unternehmen richtet, schwer gestört.

Deutschland ist strukturell gut aufgestellt. Deutsche Unternehmen verfügen über reichliche Barreserven, die Zahl der Beschäftigten ist höher als je zuvor. Die Leitzinsen der Notenbank sind niedriger denn je, viele Banken schwimmen angesichts des Zustroms von Fluchtkapital aus Südeuropa nahezu in Liquidität. Dennoch gibt es jenseits des privaten Wohnungsbaus keinen Boom der deutschen Investitionen. Im Gegenteil. Auch der deutsche Wirtschaftsmotor stottert. Nach einem normalen Wachstum Anfang 2012 und einem nur noch mickrigen Zuwachs im zweiten Quartal zeichnet sich für das dritte Vierteljahr 2012 nur noch eine Stagnation ab. Denn angesichts der Euro-Turbulenzen schränken selbst deutsche Unternehmen ihre Investitionen trotz der für sie günstigen Finanzierungsbedingungen ein. Auch in Deutschland verpufft also die Geldpolitik mit herkömmlichen Instrumenten seit Mitte 2011 nahezu wirkungslos, abgesehen vom Streben nach Betongold.

In der Euro-Zone insgesamt stagnierte die reale Geldmenge von Mitte 2010 bis Mitte 2012, das reale Kreditvolumen ging in dieser Zeit sogar leicht zurück. Diesen Zustand muss die Europäische Zentralbank für die Euro-Zone und Deutschland durch eine bessere Wahl der in der aktuellen Lage geeigneten Instrumente beenden.

Wie kann die EZB wirksam eingreifen?

Um den Wirkungskanal der Geldpolitik zu öffnen, muss die EZB da ansetzen, wo er verstopft ist. Sie muss den Anlegern und Sparern, den Haushalten und Unternehmen die Zuversicht geben, dass nachweislich solvente Länder im Euro gehalten werden, und zwar ohne Schuldenschnitt nach schlechtem griechischem Vorbild. Dabei sollte sie so eingreifen, dass sie den Druck auf die Länder nicht mindert, ihre Staatsfinanzen zu straffen und ihre Arbeitsmärkte zu reformieren.

Um die Frage nach dem geeigneten Instrument zu beantworten, mit dem die EZB ihrer Geldpolitik mehr Schlagkraft verleihen kann, schauen wir zunächst auf die Geschichte der EZB-Eingriffe, die über die klassische Zinspolitik hinausgehen. Wenn die Zinspolitik nicht mehr greift, kann die Zentralbank auch auf anderen Wegen mehr Liquidität in das Bankwesen pumpen. Sie kann Banken Vermögenswerte abkaufen. Oder sie kann den Banken anbieten, ihnen für eine begrenzte Zeit weitere Liquidität zu leihen, wenn die Banken bei ihr weitere Vermögenswerte als Kreditsicherheiten hinterlegen.

Erster Versuch: Verschämte Käufe von Staatsanleihen

Staatsanleihen hat die EZB bereits vor September 2012 zweimal gekauft. Am 10. Mai 2010 begann sie mit dem Erwerb griechischer Anleihen, im weiteren Jahresverlauf kamen einige irische und portugiesische Papiere dazu. Bis zum Januar 2011 kaufte sie am offenen Markt insgesamt Anleihen dieser Länder im Wert von 76,5 Milliarden Euro, davon 70 Prozent in den ersten zwei Monaten. Wie bereits in Kapitel VI gezeigt, trugen diese Käufe entscheidend dazu bei, bis Mitte 2011 ein Übergreifen der Euro-Krise auf größere Länder zu verhindern. Von August 2011 bis zum Februar 2012 erwarb die EZB erneut Anleihen im Gesamtwert von 145 Milliarden Euro, diesmal vor allem spanische und italienische Papiere. Da bis Ende Juli 2012 bereits einige Papiere fällig und pünktlich zurückgezahlt wurden, hat sich der Gesamtbestand der von der EZB gehaltenen Anleihen auf 209 Milliarden Anfang September 2012 vermindert. Die zweite Welle der EZB-Käufe half durchaus, die dramatischen Turbulenzen nach dem griechischen Schuldenschnitt etwas zu dämpfen und den Einbruch der Märkte im September 2011 zeitweilig zum Stehen zu bringen.

Eine durchschlagende Wirkung war diesen Eingriffen jedoch nicht beschieden. Denn die EZB ging dabei bewusst halbherzig vor. Sie stellte diese Ankäufe ausdrücklich als zeitlich und im

Umfang begrenzt dar. Sie nannte kein klares Ziel und gab – abgesehen vom Gesamtumfang der getätigten Anleihekäufe – keinerlei weitere Informationen über ihr Vorgehen heraus. Solche Eingriffe können schreckhafte Anleger aus dem In- und Ausland nicht lange beeindrucken.

In Grafik 4 zeigen wir das Ausmaß der direkten Kriseneinsätze der großen Zentralbanken der Welt bis zum August 2012. Neben dem Kauf von Staatsanleihen rechnen wir auch die zumeist recht kleinen Programme zum Erwerb von Hypothekenanleihen dazu. Bis zum September 2012 beliefen sich die Eingriffe der EZB auf knapp 3 Prozent der Wirtschaftsleistung der Euro-Zone. In den USA (17,5 Prozent) und Großbritannien (25 Prozent) haben die Notenbanken viel energischer gehandelt. Rechnen wir auch die Interventionen der Schweizer Nationalbank am Devisenmarkt zu diesen direkten Maßnahmen gegen die Krise, so kommen wir in der Schweiz bis zum August 2012 auf einen Eingriff, der etwa 30 Prozent der dortigen Wirtschaftsleistung entspricht. So gesehen hat die solide Schweiz etwa zehnmal mehr getan, um das eigene Land vor Turbulenzen zu schützen, als die Europäische Zentralbank. Auf das Schweizer Vorbild kommen wir im weiteren Verlauf dieses Kapitels noch einmal zu sprechen.

Wäre die Europäische Zentralbank ähnlich aggressiv wie die amerikanische Notenbank Federal Reserve (Fed) oder die britische Bank of England (BoE) vorgegangen, hätte sie noch für 1,4 beziehungsweise 1,85 Billionen Euro Anleihen erworben. 1,4 Billionen hätten theoretisch ausgereicht, um die Hälfte des ausstehenden Bestandes an Staatsanleihen in Italien, Spanien, Portugal, Irland, Belgien und Österreich zu erwerben.

Dieser Vergleich zeigt vor allem eines: Der eigentliche Grund, weshalb die gesamte Euro-Zone seit Mitte 2011 von einer tiefen Krise geschüttelt wird, hat wenig mit den aufgehäuften Staatsschulden zu tun. Schließlich ist die Finanzlage fast aller Staaten und der meisten Verbraucher in der Euro-Zone insgesamt weni-

Grafik 4: Käufe der Zentralbanken

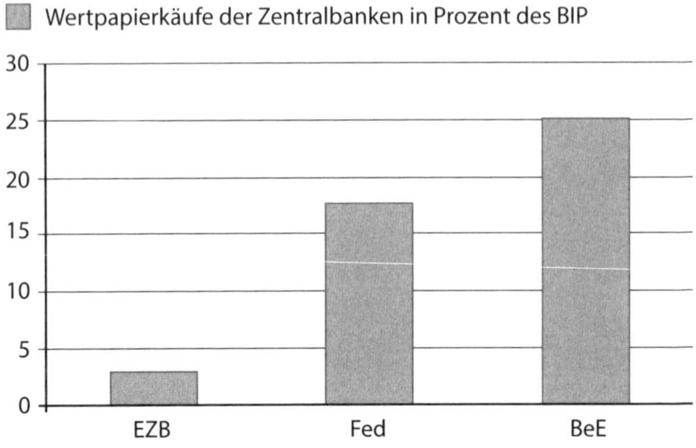

In Prozent des BIP; Stand Ende September 2012.

Quelle: EZB, Fed, BoE, Berenberg Bank

ger angespannt als in den USA, Großbritannien und Japan. Trotz des ausufernden US-Haushaltsdefizits blieb die US-Wirtschaft auch nach Mitte 2011 auf einem Wachstumskurs von knapp 2 Prozent, während die Euro-Zone in eine Rezession abrutschte. In den USA, Großbritannien und Japan ist die Zentralbank bereit, selbst bei kleineren Spannungen an den Finanzmärkten und einer als unbefriedigend empfundenen Konjunktur mit all ihren Machtmitteln einzugreifen. In der Euro-Zone hält die Zentralbank sich dagegen bis zum letzten Moment zurück. Wir können es auch so ausdrücken: In der eskalierenden Euro-Krise rückte die Feuerwehr lange nicht aus. Und dann schoss sie zunächst nur mit der Wasserpistole. Erst am 2. August 2012 hat sie ihre Bereitschaft zum vollen Einsatz bekundet.

Wir wollen hier keinesfalls einem ähnlich willfährigen Handeln der Zentralbank wie in den USA und Großbritannien das Wort reden. An dieser Stelle wollen wir lediglich feststellen, dass die bisherigen Kriseneinsätze der EZB weit hinter dem zurückgeblieben sind, was andernorts in der westlichen Welt üblich ist.

Mit ihren Ankäufen von Staatsanleihen zwischen Mai 2010 und Februar 2012 hat die EZB wenig erreicht. Denn mit ihrem Hinweis, sie wolle ohnehin nur zeitweilig und begrenzt eingreifen, signalisiert sie den Anlegern, dass sie es mit ihren verschämten Eingriffen gar nicht ernst meint. Das schafft kein Vertrauen. Im Gegenteil, Anleger konnten das als letzte Gelegenheit missverstehen, ihre Papiere noch rasch zu verkaufen, bevor die EZB sich zurückzieht. Auch die Geschichte der Deviseninterventionen zeigt: Halbherzige Käufe mit begrenzten Mitteln sind eine Einladung, gegen die Zentralbank zu spekulieren.

Dazu kam, dass die Bundesbank in beiden Fällen mit ihrem öffentlichen Protest gegen die bisherigen Anleihekäufe der EZB das Signal und damit dessen Wirksamkeit geschwächt hat. Sie hat die Zweifel der Anleger, die EZB meine es gar nicht ernst, weiter genährt. Im Rat der Europäischen Zentralbank kann eine Mehrheit der 23 Mitglieder zwar den Präsidenten der Bundesbank leicht überstimmen. Aber ein allzu lauter Protest der Bundesbank gegen eine weitreichende EZB-Entscheidung könnte das Eingreifen der EZB zum Scheitern verurteilen. Interventionen einer Zentralbank wirken, wenn sie als Signal die Anleger der Welt beeindrucken. Ein Protest der Bundesbank könnte erneut die Ängste von Anlegern schüren, dass Deutschland in Kürze aus dem Euro aussteigen wolle. Solche Ängste gab es bereits bei den Rücktritten von Bundesbankpräsident Axel Weber am 9. Mai 2011 und EZB-Chefvolkswirt Jürgen Stark am 9. September 2011. Wir halten sie für völlig irrational. Aber es gibt sie. Wenn Anleger befürchten, dass Deutschland den Euro platzen lassen werde, werden sie sich trotz einer EZB-Intervention immer mehr von Europa verabschieden und so die Krise weiter verschärfen. Allzu laute Bedenken der Bundesbank können dazu führen, dass die EZB insgesamt weit mehr Anleihen als sonst nötig kaufen muss, um Anleger zu beeindrucken und ihr Vertrauen zurückzugewinnen.

Zweiter Versuch: Liquiditätsschwemme

Gleichzeitig mit dem Grundsatzbeschluss eines EU-Gipfels für einen neuen Fiskalpakt gab die EZB Anfang Dezember 2011 bekannt, sie werde das Bankwesen mit Liquidität fluten. Zwischen Dezember 2011 und März 2012 schleuste sie dann mit dreijährigen Billigstkrediten für Banken netto etwa 600 Milliarden Euro in den gestörten Kreislauf. Zudem lockerte sie die Anforderungen, die sie an Kreditsicherheiten stellt, die Banken bei ihr als Pfand für solche Kredite hinterlegen müssen. Da die Refinanzierungsgeschäfte der EZB immer zeitlich begrenzt sind, wird die zusätzliche Liquidität spätestens nach Ablauf der drei Jahre automatisch wieder an die EZB zurückfließen.

Gerade spanische Banken haben dank der zusätzlichen Mittel mehr heimische Staatsanleihen gebunkert. Trotz einer ungebrochenen Verkaufswelle ausländischer Anleger hat diese Zusatznachfrage spanischer Banken nach heimischen Anleihen die Lage für einige Monate spürbar entspannt. In dieser ruhigeren Phase von Januar bis März 2012 konnte sogar das deutsche Wirtschaftsklima sich zeitweilig erholen. Nach einem Rückgang der Wirtschaftsleistung Ende 2011 verzeichnete Deutschland Anfang 2012 wieder ein nennenswertes Wachstum. Insgesamt können wir wohl einen Zuwachs der deutschen Wirtschaftsleistung um knapp ein Prozent und einen Anstieg der sozialversicherungspflichtigen Beschäftigung um knapp eine viertel Million Menschen im ersten Halbjahr 2012 auf diesen EZB-Einsatz zurückführen.

Aber mit der Liquiditätsschwemme für Banken hatte die EZB den Teufelskreis, in dem Staat und Banken immer mehr voneinander abhängig werden und jede Schwäche des einen auch den anderen niederreißt, eher noch gestärkt. Statt die grassierende

Kapitalflucht zu stoppen, hat die EZB sie alimentiert. Ab April 2012 nahmen die Spannungen an den Märkten und die Sorgen um den Verbleib Spaniens und Italiens im Euro wieder zu.

Dritter Versuch: Ein neues Programm zum Kauf von Staatsanleihen

Nach ersten Hinweisen Ende Juli 2012 rang die EZB sich am 2. August 2012 dazu durch, ihrer Pflicht zu einer wirksamen Geldpolitik wieder nachzukommen. Sie signalisierte ihre Bereitschaft, an dem Markt einzugreifen, von dem die gefährlichen Turbulenzen ausgehen. Sie will notfalls Staatsanleihen von Ländern kaufen, die sich strikten Bedingungen unterwerfen. Vermutlich waren zwei Gründe für den Sinneswandel in Frankfurt maßgeblich. Erstens zeichnete sich ab, dass die Euro-Zone nach einem leichten Rückgang der Wirtschaftsleistung um 0,2 Prozent im zweiten Vierteljahr im Sommer und Herbst wohl in eine weit tiefere Rezession abgleiten wird, sofern die EZB nicht die Notbremse zieht. Der Misserfolg der bisherigen Geldpolitik wurde immer offensichtlicher. Zweitens stieg das Risiko, dass Griechenlands Geldgeber dem Land den Geldhahn zudrehen und es so zum Verlassen des Euro zwingen könnten. Um für die dann möglichen Ansteckungsgefahren gerüstet zu sein, musste die EZB sich etwas Neues einfallen lassen.

Aufbauend auf einer Grundsatzentscheidung vom 2. August 2012 beschloss die EZB am 6. September 2012, im Falle des Falles Staatsanleihen mit einer Restlaufzeit von bis zu drei Jahren zu erwerben und diese Käufe nicht vorab zu begrenzen. Beenden wird sie ihre Käufe im Rahmen dieser »direkten monetären Transaktionen« (*outright monetary transactions*), wenn sie ihr Ziel erreicht hat oder wenn das entsprechende Land nicht mehr den Bedingungen genügt. Zudem wird sie die so in den Markt kommende Zusatzliquidität an anderer Stelle wieder abschöpfen. Dies hatte sie auch bei ihren anderen Anleihekäufen vorab so gehalten. Mit ihren Eingriffen am Markt für Staatsanleihen hat sie nie die Liquidität oder Geldmenge ausgeweitet.

Um sicherzugehen, dass ihr Hilfsangebot nicht missbraucht werden kann, setzt die EZB eine doppelte Konditionalität. Sie wird nur eingreifen für Länder, deren Antrag auf Hilfe der dauerhafte europäische Rettungsschirm ESM vorab genehmigt hat. Zunächst muss also der Rettungsfonds dem Antrag eines angeschlagenen Landes auf Hilfe zustimmen und dafür die entsprechenden Bedingungen ausarbeiten. Dies unterliegt einem deutschen Vetorecht. Unabhängig davon will die EZB zudem in eigener Zuständigkeit prüfen, ob im Falle eines Landes, dem der Rettungsfonds unter die Arme greift, die Wirksamkeit der Geldpolitik so beeinträchtigt ist, dass ein direkter Eingriff der EZB erforderlich ist. Dies beugt der Gefahr vor, dass die EZB für sachfremde Zwecke eingespannt werden könnte. Die Doppelhürde für einen Rettungseinsatz erhöht zudem den Reformdruck auf das Land, das einen Antrag auf Hilfe gestellt hat oder über einen solchen Antrag nachdenkt.

Anders als bei ihren verschämten Eingriffen am Markt für Staatsanleihen hat die EZB im August und September 2012 endlich eine deutliche Sprache gefunden. Sie hat die von der Angst vor einem Zerfall der Euro-Zone getriebene Kapitalflucht aus der Peripherie als Problem erkannt und benannt. Die Kapitalflucht aus Spanien und Italien nach Deutschland hält die Kurse für Staatsanleihen der Krisenländer künstlich niedrig und schraubt die Kurse für deutsche Anleihen künstlich nach oben. Ausgedrückt in Renditen auf diese Staatsanleihen zeigt sich dies darin, dass die Renditen für Spanien und Italien außerordentlich hoch und für Deutschland ebenso außerordentlich niedrig sind. Bis zu einem gewissen Grad machte und macht das Sinn: Die hohen Renditen sollen es Spanien und Italien erschweren, sich weiter zu verschulden. Aber wenn die Renditen zu hoch sind, droht der Verlust des Zugangs zum Kapitalmarkt, vor allem aber droht eine sich selbst verstärkende Abwärtsspirale: Da Anleger befürchten, ein Land könne sich derart hohe Zinslasten nicht leisten, verkaufen sie noch mehr von dessen Staatsanleihen. Dies treibt wiederum die Kurse der Anleihen in den Keller und die zu bezahlenden Zinsen weiter nach oben. Und so dreht sich die Spirale immer weiter.

Um diesen Teufelskreis zu durchbrechen, hat die EZB angekündigt, direkt gegen diese Angst vorzugehen. Sie hat zutreffend dargelegt, dass die überhöhten Renditeabstände innerhalb der Euro-Zone die Wirksamkeit der Geldpolitik beeinträchtigen. Deshalb sei die EZB aus ihrem geldpolitischen Mandat heraus verpflichtet, dagegen vorzugehen. Vor allem hat die EZB versichert, dass der Euro irreversibel sei. Die EZB werde ein verlässliches Sicherheitsnetz anbieten.

Da die EZB sich an die strikte Konditionalität der europäischen Rettungsschirme bindet, lindert sie den Anpassungsdruck auf die Krisenländer nicht. Im Gegenteil: Sie muss die Eingriffsmarke so wählen, dass der Druck auf das Land hoch bleibt, sich anzupassen. Es geht nicht darum, künstlich niedrige Finanzierungskosten anzubieten, sondern darum, einen völligen Absturz glaubwürdig zu verhindern.

Auch für Deutschland war die Politik der EZB vor ihrem Sinneswandel im Sommer 2012 höchst gefährlich. Nicht nur, dass auch Deutschland langsam in Richtung Rezession abglitt. Die Kombination aus Angst vor zunehmenden Turbulenzen mit einer selten dagewesenen Liquiditätsschwemme beflügelte eine Flucht in unproduktives Betongold in Form von Wohnimmobilien, während gleichzeitig die Investitionen der Unternehmen einbrachen. Hätte die EZB diesen Zustand noch lange geduldet, hätte Deutschland eine gigantische Kapitalverschwendung gedroht.

In den Grundzügen entspricht die EZB-Entscheidung einem Vorschlag, den wir und einige andere Beobachter bereits vor einem Jahr unterbreitet hatten: Die EZB solle ein zuverlässiges

Sicherheitsnetz spannen für alle nachweislich solventen Euro-Mitglieder. Dies könne sie am besten dadurch erreichen, dass sie die durch die grassierende Furcht vor einem Zerfall des Euro getriebenen Zinsabstände zwischen den Anleihen dieser Länder und deutschen Bundesanleihen begrenzt. Um die Erfolgschancen der neuen EZB-Initiative zu beurteilen, vergleichen wir sie zunächst mit unserem etwas weiter gehenden Vorschlag.

Unser Vorschlag: Ein fester Deckel gegen die Spekulation

Unmittelbar nach dem Überspringen der Euro-Krise vom kleinen Griechenland auf die Euro-Zone hatten wir im Sommer 2011 vorgeschlagen, die EZB solle der Spekulation auf einen chaotischen Zerfall der Euro-Zone einen klaren Riegel vorschieben. Sie solle den Renditeabstand von Staatsanleihen aus Italien, Spanien oder anderen gefährdeten Krisenländern gegenüber deutschen Bundesanleihen verlässlich deckeln: Geht der Abstand über diese Grenze hinaus, kauft die EZB die Anleihen des betreffenden Landes, bis der Deckel wieder passt.

Als Interventionspunkt hatten wir einen Renditeabstand von 5,5 Prozentpunkten für Anleihen mit zehnjähriger Restlaufzeit vorgeschlagen. Dann wüsste jeder Spekulant, dass sich eine weitere Wette gegen die entsprechenden Staatsanleihen nicht mehr lohnt. Ein derartiges Sicherheitsnetz könnte stattdessen andere Sparer und Anleger dazu bewegen, wieder auf den Markt zurückzukehren. Wenn der Eingriff der Notenbank wirklich glaubwürdig wäre, müsste sie kaum oder gar nicht kaufen. Mit einem Sicherheitsnetz lägen die Marktrenditen wohl bald weit unter den Niveaus, die unser Vorschlag als Obergrenze vorgibt.

Die Renditen für zehnjährige Bundesanleihen haben von Januar bis September 2012 bei etwa 1,5 Prozent gelegen. Ein Renditeaufschlag von 5,5 Prozentpunkten würde also im Einsatzfall die Renditen für spanische und italienische Staatsanleihen entsprechender Laufzeit bei etwa 7 Prozent deckeln. Das wäre ein weiterhin recht hohes Niveau. Sollten bei abnehmender Kapitalflucht aus Spanien und Italien die deutschen Renditen erwartungsgemäß etwas anziehen, würde die Eingriffsschwelle weiter steigen.

Allerdings muss die EZB nach unserem Vorschlag ein solches Eingreifen an strikte Bedingungen binden. Sie darf nur solvente Länder stützen. Das heißt, sie darf den Deckel nur einsetzen für Länder, die sich für einen vorsorglichen Hilfseinsatz der europäischen Rettungsschirme EFSF oder ESM qualifiziert haben und alle damit verbundenen Auflagen erfüllen. Nur wenn zunächst die Troika aus EU-Kommission, Europäischer Zentralbank und Internationalem Währungsfonds als auch dann die zuständige Euro-Gruppe der Euro-Finanzminister bescheinigen, dass beispielsweise Spanien seine Renten kürzt, seinen Kündigungsschutz lockert, Zutrittsschranken am Arbeitsmarkt abbaut und seinen Staatshaushalt so steuert, dass das konjunkturbereinigte Defizit bis zum Jahr 2014 völlig verschwinden wird, dürfte die EZB Spanien absichern.

Unser Vorschlag lief darauf hinaus, allen Mitgliedern der Währungsunion ein Angebot zu machen: Wenn ihr euch grundlegend reformiert, wird die Euro-Familie dafür sorgen, dass keine Finanzmarktpanik euch in die Pleite treiben kann. Wenn ihr nach den Regeln des europäischen Rettungsschirmes nachweislich solvent seid und euch einem verschärften Stabilitätspakt unterwerft, verhilft die EZB dem Rettungsschirm zum Erfolg. Sie spannt den Schirm nicht selbst auf. Aber sie stärkt ihn so, dass jeder weiß, dass er allen Stürmen standhalten kann.

Jeglicher Einsatz des europäischen Rettungsschirmes ist ohnehin an eine vorherige Zustimmung des Deutschen Bundestages und anderer Garantiegeber gebunden. Diesen Grundsatz hat das Bundesverfassungsgericht in all seinen Urteilen zu den europäischen Rettungsfonds bestätigt, auch am 12. September 2012. Unser Vorschlag gibt also dem deutschen Parlament ein Vetorecht über jeden Einsatz der EZB. Dieses Vetorecht und eine hinreichend hoch gewählte Einsatzschwelle halten die Empfängerländer unter hohem Anpassungsdruck.

Solide Politik: Das Schweizer Vorbild

Unser Vorschlag lehnt sich an das Eingreifen der Schweizer Nationalbank (SNB) im Devisenmarkt an. Die Schweizer Wirtschaft leidet sehr darunter, dass Währungsspekulanten den Wechselkurs in wahnwitzige Höhen getrieben haben. Von Mitte April bis Mitte August 2011 schnellte der Kurs des Schweizer Franken zum Euro von 1,30 Franken auf nur noch etwas über einen Franken pro Euro nach oben. Für normale Touristen aus dem Ausland wurde die Schweiz damit zu einem viel zu teuren Reiseland. Um ihre Kosten zu decken, mussten Schweizer Unternehmen auf den Auslandsmärkten die in Euro ausgedrückten Preise so anheben, dass der Absatz ihrer Waren einzubrechen drohte.

Obwohl sich die SNB dem Anstieg mit massiven Verkäufen eigener Währung entgegenstellte, hatte sie zunächst keinerlei Erfolg. Am 6. September 2011 kündigte sie dann unmissverständlich an, ab einem Wechselkurs von 1,20 zum Euro unbegrenzt einzugreifen, um eine noch absurdere Überbewertung des Schweizer Franken zu verhindern. Sie nannte also eine klare Obergrenze, die sie mit allen Mitteln verteidigen wollte. Sie begründete dies zu Recht damit, nur so einen deflationären Zusammenbruch der Wirtschaft verhindern zu können. Mit dem klaren Wort der SNB kehrte schlagartig Ruhe am Schweizer Devisenmarkt ein. Ein halbes Jahr lang konnte die SNB danach sogar einen Teil der Liquidität wieder einsammeln, die sie während ihrer halbherzigen Interventionen vor dem 6. September 2011 hatte auf den Markt werfen müssen.

Ab dem Frühjahr 2012 musste die SNB dann jedoch erheblich eingreifen, um die von ihr gesetzte Obergrenze zu verteidigen. Das lag allerdings nicht an einer neuen Spekulation auf eine Aufwertung des Schweizer Franken. Diese Spekulation hat die SNB erfolgreich gebrochen. Stattdessen trieb die sich im Frühjahr 2012 wieder verschärfende Euro-Krise neues Fluchtkapital aus Italien, Spanien und Griechenland auch in die Schweiz. Diesen Kapitalzustrom kann die SNB höchstens kanalisieren. Sie kann ihn aber durch keinerlei Eingriff am Devisenmarkt selbst verhindern.

Auch die Schweizer Erfahrung lehrt, dass eine Notenbank, die in eigener Währung am Finanzmarkt eingreift, dann Erfolg hat, wenn sie die Anleger beeindruckt. Dafür muss sie ein klares Ziel nennen und den Willen erkennen lassen, dieses Ziel auch wirklich durchzusetzen und notfalls jedem Spekulanten die Stirn zu bieten.

Hat die EZB die Wende eingeleitet?

In zwei Punkten bleibt die EZB-Entscheidung vom 6. September 2012 hinter unserem Vorschlag zurück. Erstens nennt die EZB keine feste Obergrenze für den Zinsabstand. Das kann Spekulanten dazu einladen, ihre Schmerzgrenze auszutesten. Im Ernstfall würde die EZB dann wohl mehr Anleihen kaufen müssen, als dies bei einer glaubhaften und transparenten Abschreckungspolitik nach Schweizer Vorbild der Fall wäre. Zweitens beschränkt sich die EZB auf Laufzeiten der Anleihen bis zu drei Jahren. Dies lässt Raum für weitere Turbulenzen am Markt bei Staatsanleihen mit längerer Laufzeit. Dennoch ist das energische Eingreifen der EZB grundsätzlich geeignet, die Turbulenzen in der Euro-Zone einzugrenzen. Mit Glück könnte dies gerade noch ausreichen, Deutschland vor der drohenden Rezession zu bewahren, die sich im Sommer 2012 durch den Einbruch des Geschäftsklimas anzukündigen schien.

Denn in ihren Erklärungen hat die EZB eines deutlich gemacht: Sie wird ein verlässliches Sicherheitsnetz spannen. Sie wird es nicht zulassen, dass ein Reformland, das allen seinen Auflagen genügt, durch eskalierende Marktturbulenzen aus dem Euro katapultiert werden könnte. Damit hat EZB-Präsident Mario Draghi genau die richtige Botschaft gesendet. Wir entnehmen diesen Worten auch die Bereitschaft, notfalls noch einen Schritt weiter zu gehen und gemäß unserem ursprünglichen Vorschlag bei Bedarf doch eine feste Obergrenze für Zinszuschläge solventer Staaten in der Währungsunion einzuziehen.

Bemerkenswert an der EZB-Entscheidung war auch das Zusammenspiel zwischen Frankfurt und Berlin. Glaubt man Presseberichten, haben Bundeskanzlerin Merkel und Finanzminister Schäuble dem EZB-Plan vorab im Grundsatz zugestimmt. Zudem unterwirft die EZB sich bei ihrem Kriseneinsatz de facto einem deutschen Vetorecht. Gemeinsam kaufen Frankfurt und Berlin den Reformländern die Zeit, die sie brauchen, um ihre Reformen zum Erfolg zu führen. Gleichzeitig stärkt die EZB die deutsche Konjunktur und mindert das Risiko einer durch Fluchtkapital aufgeblähten Immobilienblase in deutschen Großstädten. Auch damit hat die EZB im deutschen Interesse gehandelt.

Banklizenz als Alternative zum EZB-Einsatz? Nein danke

In der europäischen Diskussion taucht immer wieder der Vorschlag auf, dem ständigen europäischen Rettungsschirm ESM doch eine Banklizenz auszustellen. Dann könne der ESM seine Schlagkraft ganz einfach erhöhen. Mit seinem genehmigten Kapital kauft der Fonds Staatsanleihen der Reformländer auf. Diese hinterlegt er dann als Kreditsicherheit bei der EZB. Dafür bekommt er genau wie eine normale Bank von der EZB zusätzliche Liquidität, die er wiederum zum Kauf neuer Anleihen einsetzen kann. Und so weiter. Im Ergebnis wäre der ESM »gehebelt«. Da Anleger wüssten, dass der Fonds mehr Mittel mobilisieren kann, als seinem eigenen Kapital entspricht, hätten sie entsprechend mehr Vertrauen in den Fonds.

Das letzte Argument ist richtig: Je schlagkräftiger der Fonds, desto größer die Chance, dass er eine Spekulationswelle gegen ein schwankendes Euro-Land abschrecken oder abwehren kann. Aber eine Banklizenz für den Rettungsfonds ist nicht der richtige Weg dazu. Zunächst einmal wäre eine Banklizenz rechtlich hochproblematisch. Denn der Fonds könnte mit ihr letztlich mehr Anleihen kaufen und damit mehr Risiken eingehen, als seinem von den jeweiligen nationalen Parlamenten genehmigten Haftungsrahmen entspricht. Mit seinem klaren Hinweis, der ESM dürfe den deutschen Haftungsrahmen auf keinerlei Art über die von Bundestag und Bundesrat gesetzten 190 Milliarden Euro hinaus ausdehnen, und dem Verbot für den ESM, bei der EZB Staatsanleihen als Kreditsicherheiten zu hinterlegen, hat auch das Bundesverfassungsgericht am 12. September 2012 der Banklizenz eine unmissverständliche Absage erteilt.

Zudem lehnt es die EZB von sich aus zu Recht ab, den Rettungsfonds in seiner jetzigen Form als Bank zu akzeptieren und ihm Zugang zu EZB-Liquidität zu gewähren. Es darf keine Automatik geben, die die EZB dazu zwingt, ihre Mittel für einen Rettungseinsatz zur Verfügung zu stellen. Die EZB darf nur dann tätig werden, wenn sie damit ihrer Aufgabe nachkommt, ihrer Geldpolitik Geltung zu verschaffen. Sie darf sich nicht zum Instrument einer anderen Politik machen lassen.

Neun mögliche Einwände gegen den Einsatz der Zentralbank

Gerade in der deutschen Diskussion ist der Einsatz der Zentralbank höchst umstritten. Darf die EZB ein Sicherheitsnetz für die Euro-Zone bereitstellen? Ist es nicht die Aufgabe anderer Institutionen oder anderer Bereiche der Wirtschaftspolitik, Finanzkrisen einzugrenzen und Ansteckungsgefahren zu vermeiden? In diesem Abschnitt wollen wir auf wichtige Fragen und Einwände eingehen. Wegen der herausragenden Bedeutung behandeln wir die Sorge, die Euro-Krise und der Einsatz der Zentralbank gegen diese Turbulenzen könnten zu Inflation führen, danach in einem eigenen Kapitel.

Einwand 1: Reicht nicht die normale Geldpolitik, um den Gefahren zu begegnen?

Nein, ungewöhnliche Krisen erfordern ungewöhnliche Maßnahmen. Die deutsche Wirtschaft leidet ja nicht unter einem überhöhten Zins, den die Notenbank senken könnte. An den Märkten grassiert die Angst, Spanien und Italien könnten trotz beeindruckender Reformen bald aus dem Euro fallen. Seit Mitte 2011 lähmt eine massive Kapitalflucht die Wirtschaft in Spanien und Italien; aus Sorge über die wirtschaftliche Stabilität Europas schränken gleichzeitig deutsche Unternehmen trotz bester Liquiditätslage ihre Investitionen ein. Deshalb müssen die europäischen Entscheidungsträger einschließlich der EZB die Maßnahmen ergreifen, die geeignet sind, das verlorene Vertrauen zurückzugewinnen.

Einwand 2: Darf eine Zentralbank notfalls Staatsanleihen in großem Stil kaufen?

Ja. Als Teil ihrer Geldpolitik darf sie dies. Es ist die Aufgabe der Zentralbank, den Geldwert stabil zu halten. Dafür muss sie ihre Instrumente so wählen und einsetzen, dass sie damit die Wirtschaft auch erreicht. Nur so kann sie auf Dauer das Preisniveau steuern. Die EZB darf Staatsanleihen auf dem Sekundärmarkt kaufen. Und sie darf ein klares Signal senden. Da die traditionelle Geldpolitik sich in Zeiten der eskalierenden Vertrauenskrise als nahezu wirkungslos erwiesen hat, ist die EZB geradezu dazu verpflichtet, neue Wege zu gehen, um ihrem Mandat gerecht zu werden.

Der Kauf und Verkauf von Staatsanleihen gehört zu den traditionellen Instrumenten der Geldpolitik. Dazu heißt es in dem Standardlehrbuch *Theorie der Geldpolitik* schlicht: »Ein klassisches geldpolitisches Instrument ist der Ankauf und Verkauf von Staatsschuldtiteln auf eigene Rechnung und Initiative der Zentralbank auf dem offenen Wertpapiermarkt … [Im Rahmen der] bis heute hauptsächlich vollzogenen Offenmarktgeschäfte verkauft und kauft [die Bundesbank] von den Geschäftsbanken kurzfristige Staatsschuldtitel, indem sie einen Abgabesatz fixiert, zu dem sie bereit ist, Geschäfte in diesen Papieren abzuschließen.«[10] Mit dem Aufkommen neuer Finanzinstrumente ist die Bundesbank im Zeitablauf immer mehr dazu übergegangen, in ihrer Offenmarktpolitik Staatsanleihen nicht dauerhaft zu kaufen, sondern gleich einen künftigen Rückkauf zu vereinbaren (Wertpapierpensionsgeschäfte). Aber die Möglichkeit zum Ankauf von Staatsanleihen hat sie immer gehabt.

Auch im Instrumentenkasten der Europäischen Zentralbank, der überwiegend von verdienten Bundesbankern gestaltet wurde, fanden sich von Anfang an mögliche Ankäufe von Staatsanleihen für die Feinsteuerung des Geldmarktes und für das strukturelle Steuern der Liquidität im Bankwesen.[11] Der wesentliche Punkt ist, dass eine Zentralbank Staatsanleihen auf dem offenen Markt kaufen darf, wenn dies geldpolitischen Zwecken dient. Genau das hat die EZB angekündigt. Und wenn sie eingreift, muss sie dies auf eine Weise tun, die Erfolg verspricht. Wenn eine vorab genannte Grenze dazu führen könnte, dass Spekulanten gegen diese Grenze anrennen, muss sie auf eine solche Grenze eben verzichten.

Einwand 3: Verzerrt die EZB mit Käufen von Staatsanleihen die Marktsignale? Finanziert sie so nicht doch indirekt Staaten?

Richtig ist, dass jede Geldpolitik Marktsignale ändert. Das ist geradezu ihr Wesen. Um auf Dauer das Preisniveau zu steuern, setzt die EZB die dafür angemessenen Zinsen und Finanzierungsbedingungen für Haushalte und Unternehmen durch. Damit es nicht zu Inflation oder Deflation kommen kann, muss die Zentralbank sich gegenüber dem durchsetzen, was sich andernfalls auf den Märkten einstellen würde. Der Übertragungskanal dieser Geldpolitik verläuft nahezu immer über den Markt für Staatsanleihen. Jede Zinsentscheidung der Zentralbank bewegt die Renditen für Staatsanleihen, jeder Beschluss, mehr oder weniger Anleihen als Kreditsicherheiten für ihre Refinanzierungsgeschäfte anzunehmen, verändert die Nachfrage nach und den Preis für solche Anleihen. Wenn ein direkter Eingriff am Markt für Staatsanleihen das geeignete Instrument ist, die Finanzierungsbedingungen für Haushalte und Unternehmen und damit die künftigen Inflations- oder Deflationsrisiken zu steuern, muss die EZB genau dies tun. Dass sich daraus auch Folgen für die Finanzierungskosten der Staaten ergeben, ist ein normaler Bestandteil jeglicher Geldpolitik. Es ist für sich genommen kein Argument gegen den Einsatz dieses speziellen Instrumentes. Aber wie bereits betont: Es kommt darauf an, dass der Einsatz des Instrumentes einem geldpolitischen Zweck dient. Dies ist bei der EZB eindeutig der Fall.

Einwand 4: Droht uns nicht eine Liquiditätsschwemme, wenn die Zentralbank ankündigt, notfalls unbegrenzt Staatsanleihen kaufen zu wollen?

Nein. Vermutlich würde ein Notfalleinsatz der EZB das Liquiditätsangebot gar nicht nachhaltig erhöhen. Je mehr die Zentralbank den Markt beeindrucken kann, desto eher kann nach einer kurzen Testphase das Gegenteil eintreten. Glauben die Anleger wirklich, dass die EZB keine irrationale Massenpanik zulassen wird, kann das Vertrauen in den Euro langsam zurückkehren. Dann werden sich wieder mehr Käufer für die Staatsanleihen der Länder auf Reformkurs finden. Schließlich sind Renditen von 5 bis 7 Prozent für Anleger recht attraktiv im Falle eines Landes, dessen Reformpolitik das Gütesiegel des Bundestages und der Zentralbank trägt. Dann wird die EZB ihre bereits gekauften Anleihen nach einiger Zeit sogar mit Gewinn verkaufen und die Liquidität entsprechend wieder einengen können.

Wenn die EZB also ein wirklich glaubwürdiges Signal sendet, kann sie in zwei Jahren einen geringeren Bestand an Staatsanleihen halten als heute. Und wenn sie mit ihrem Einsatz auch die deutsche und europäische Konjunktur rettet, gäbe es bei höheren Steuereinnahmen insgesamt weit weniger Staatsschulden, als es ohne diese energische Nothilfe der Fall wäre.

Einwand 5: Seit Jahren bekämpfen Zentralbanken jede neue Krise mit immer mehr Liquidität. Das kann doch keine Lösung sein.

Ganz richtig. Gerade die US-Notenbank hat in der Vergangenheit das starke Medikament einer aggressiven Geldpolitik viel zu oft und in viel zu hoher Dosis eingesetzt. Deshalb haben die USA sowohl im Staatshaushalt als auch bei den privaten Bürgern weit mehr Schuldenprobleme als die Euro-Zone. Man darf das Medikament, das blockierte Herzkranzgefäße wieder öffnet, eben nicht bei jeder einfachen Kreislaufschwäche verschreiben. Sonst gibt es immer mehr Nebenwirkungen. Aber wenn der Patient tatsächlich einen Herzinfarkt hat, dann muss das Medikament eingesetzt werden. Sonst stirbt ein Teil des Herzmuskels und möglicherweise der Patient. Dieser Gefahr sah sich die Euro-Zone Mitte 2012 leider ausgesetzt.

Wenn Banken, Unternehmen und Haushalte wieder Vertrauen in die Zukunft der Euro-Zone schöpfen, wird sich auch die besondere Nachfrage nach Liquidität wieder normalisieren. Spanische Banken werden wieder von deutschen Banken Liquidität bekommen und deshalb weniger auf Mittel der Europäischen Zentralbank angewiesen sein. Deutsche Banken werden in einer entspannteren Lage weniger Notreserven vorhalten wollen. Anders gesagt: Die besondere Nachfrage nach Liquidität wird zurückgehen. Dann wird ein erheblicher Teil dieser Liquidität wieder zur EZB zurückfließen.

Einwand 6: Die EZB darf ihren Ruf als Hüterin der Geldwertstabilität nicht verlieren

Eine Feuerwehr, die sich angesichts eines Großbrandes darauf beschränkt, die Brandschutzordnung vorzulesen, verspielt mehr als ihre Glaubwürdigkeit. Wie bereits in Kapitel I erläutert, hat die EZB bisher das deutsche Preisniveau noch stabiler gehalten, als es der Deutschen Bundesbank je gelungen war. Die EZB muss ihren guten Ruf als Hüterin der Geldwertstabilität in beide Richtungen verteidigen. Sie darf keine hausgemachte Inflation zulassen, auch wenn sie manchmal einen Anstieg der Ölpreise hinzunehmen hat. Aber sie muss auch ein Abgleiten in die Deflation verhindern. Japan leidet seit über 15 Jahren unter einer immer stärker steigenden Schuldenlast bei oftmals sinkenden Preisen und einer für lange Zeit nachhaltig geschwächten Wirtschaft. Im aktuellen Schuldensturm wäre eine anhaltende Rezession für Deutschland und die Euro-Zone noch viel, viel teurer.

Einwand 7: Gefährdet der Noteinsatz nicht die Unabhängigkeit der EZB?

Nein. Zentralbanken arbeiten zwangsläufig in einigen Bereichen ihrer Politik mit ihren Regierungen zusammen. Das gilt beispielsweise für die Finanzaufsicht. Auch in der Troika kontrolliert die EZB bereits heute gemeinsam mit der EU-Kommission und dem IWF die Reformprogramme in Griechenland, Irland, Portugal und Spanien. Die Zentralbank darf keine Weisungen annehmen. Angesichts eines Großbrandes kann die Feuerwehr sich aber durchaus aus freien Stücken und in voller Unabhängigkeit entschließen, zum Einsatz auszurücken.

Einwand 8: Setzt der Einsatz der EZB nicht die deutsche Stabilitätskultur aufs Spiel?

Nein. Im Gegenteil. Deutschland und die EZB haben jetzt die Chance, mit gehärteten Regeln eine Stabilitätskultur dauerhaft in der Euro-Zone zu verankern. Aber dafür muss der Euro die Krise auch überstehen.

Deutschland selbst hatte vor 20 Jahren den lustigen Schuldenreigen eröffnet, indem es sich weigerte, nach der Wiedervereinigung den eigenen Realitäten ins Auge zu sehen. Dass Deutschland heute schrittweise auf einen überhöhten Mindestlohn zusteuert und mit Betreuungsgeld und Zuschussrente neue Sozialleistungen plant, während es andernorts Reformen predigt, ist schon pikant. Wir brauchen auch deshalb straffe Regeln in Europa, damit Deutschland selbst nicht wieder in seinen alten Schlendrian verfallen und in 10 bis 15 Jahren erneut zum »kranken Mann Europas« werden kann.

Einwand 9: Aber wenn wir Spanien und Italien gegen Ansteckungsgefahren sichern, belohnen wir dann nicht Banken, die sich verzockt haben?

Ohne Banken funktioniert unsere Wirtschaft nicht. Was wäre, wenn nichts mehr aus dem Geldautomat käme? Oder wenn jedes Unternehmen und jeder Häuslebauer sofort jeden Kredit zurückzahlen müsste? Angesichts der gedrückten Aktienkurse für Banken kann man kaum sagen, dass es dem Gewerbe gut geht. Zudem liegt die Interventionsschwelle, die wir vorgeschlagen haben, so hoch, dass nahezu jede Bank und jeder Spekulant einen Verlust realisieren würde, wenn er seine Staatsanleihen zu dem entsprechenden Kurs abstoßen würde. Denn die Banken hatten die Anleihen ja zumeist zu weit niedrigeren Renditen (also zu höheren Anleihekursen) gezeichnet.

Kapitel XI:
Inflation? Nicht mit dem Euro

Der entscheidende Unterschied

Inflation ist ein süßes Gift. Der Geldwertschwund schmälert die Kaufkraft der Renten, Löhne und Ersparnisse. Der ständige Anstieg der Preise begünstigt die Reichen und die Finanzjongleure, die sich relativ leicht in Betongold oder andere inflationsgeschützte Anlagen flüchten können. Die Zeche bezahlen vor allem die Schwächeren der Gesellschaft, die diese Möglichkeiten nicht haben. Deshalb ist es sehr verständlich, dass sich gerade in Deutschland die Menschen besonders vor Inflation fürchten. Die ständigen Nachrichten über riesige Haftungssummen, größere Rettungsschirme und neue Liquiditätshilfen für Banken nähren diese Sorgen. Muss nicht das energische Eingreifen der Zentralbank zwangsläufig zu mehr Inflation führen?

Gerade weil das Thema so wichtig ist und viele verständliche Emotionen weckt, müssen wir uns vor allem an die Fakten halten. Nur so können wir echte Gefahren von Scheinrisiken trennen. Denn leider wird die Debatte häufig auf eine Art geführt, die einfache wirtschaftliche Zusammenhänge schlicht vernachlässigt.

Wann und wie kommt es zu Inflation? Die Kaufkraft des Geldes schwindet, wenn Haushalte und Unternehmen mehr Geld bekommen, als sie halten wollen. Sie geben das überschüssige Geld dann aus. Da die Nachfrage nach Gütern und Leistungen steigt, ohne dass entsprechend mehr Güter und Dienstleistungen angeboten werden, können Händler und Unternehmen ihre Absatzpreise anheben. Unternehmen fällt es leichter, ihren Arbeitern höhere Löhne zuzugestehen. Sie können jetzt gestiegene Kosten bequem an die Verbraucher weitergeben, statt sie durch eine höhere Produktivität auffangen zu müssen. Ein inflationärer Wirtschaftsboom bahnt sich an. Auch ein anhaltender und ausgeprägter Einbruch des Wechselkurses, der die Einfuhr verteuert, kann den Geldwertschwund anheizen.

Auf absehbare Zeit sind die Inflationsgefahren in Deutschland und Europa denkbar gering. Die Explosion der Immobilienpreise in einigen städtischen Ballungszentren hat nichts zu tun mit einem allgemeinen Anstieg der Verbraucherpreise. Sie kommt zudem nach 15 Jahren, in denen die Preise für Wohnungen in Deutschland insgesamt stabil waren, obwohl Einkommen und Verbraucherpreise sich in dieser Zeit erhöht haben.

Die verbreitete Ansicht, die Europäische Zentralbank würde zugunsten angeschlagener Südländer und maroder Banken immer mehr Geld drucken, das sich dereinst in einem Inflationsschub entladen müsste, beruht weitgehend auf einem Missverständnis. Geld ist nicht gleich Liquidität. Die Zentralbank handelt nur mit Banken. Sie stellt ihnen Liquidität zur Verfügung. Geld im Sinne der üblichen Geldmengen M1 (Bargeld und Sichteinlagen) und M3 (M1 plus bestimmte Termineinlagen) wird in der Wirtschaftstheorie dagegen definiert als Bargeld und Guthaben von Haushalten, Unternehmen und anderen Nichtbanken bei Banken. Geld bezeichnet die Mittel, die Bürger und Unternehmen entweder selbst flüssig haben oder bei ihrer Bank ohne großen Aufwand flüssig machen können. Der reine Geschäftsverkehr zwischen Banken gehört nicht dazu.

Die Liquidität im Bankwesen ist derzeit tatsächlich außerordentlich hoch. Seit dem Lehman-Schock möchten krisengeschüttelte Banken besonders dicke Polster an flüssigen Mitteln horten. Sie gehen auf Nummer sicher. Und sie wollen damit ihren Kunden signalisieren, dass Spareinlagen bei ihnen gut aufgehoben sind, da sie jederzeit einen größeren Teil als üblich in flüssigen Mitteln auszahlen könnten. Dieser hohen Nachfrage der Banken nach Liquidität kommt die Europäische Zentralbank nach. Sie hat in der Krise das Angebot an Liquidität für Banken entsprechend erhöht. Hätte sie dies nicht getan, wäre die Gefahr eines Zusammenbruchs des Bankwesens immer größer geworden. Denn spräche sich herum, dass Banken weniger Liquidität haben, als sie eigentlich halten möchten, könnte es rasch zu einem Ansturm der Sparer auf die Geldautomaten der Banken kommen.

Als die britische Notenbank im August 2007 in den ersten Vorwehen der Finanzkrise einmal versuchen wollte, gegenüber Banken eine besonders harte Linie zu fahren, bildeten sich gleich derartige Schlangen vor den Filialen einer großen Hypothekenbank, Northern Rock, dass die altehrwürdige Bank of England unverzüglich eine blamable Kehrtwende hinlegen und doch eingreifen musste. Wie ein übereifriger Konvertit neigt sie seitdem dazu, bei jeder Gelegenheit eher zu viel als zu wenig Liquidität auszuschütten.

Um Inflationsgefahren abschätzen zu können, müssen wir auf die eigentliche Geldmenge schauen, also auf die flüssigen Mittel, die Haushalten und Unternehmen zur Verfügung stehen. Diese Geldmenge nimmt in der Euro-Zone kaum zu. In den zwei Jahren von Mitte 2010 bis zum Juli 2012 hat die eng gefasste Geldmenge M1 nur mit einer durchschnittlichen Jahresrate von knapp 2,5 Prozent zugelegt. Für die etwas weiter gefasste Geldmenge M3 liegt der Anstieg bei 2,9 Prozent.

In früheren Zeiten hat die Bundesbank oft ein Ziel für den jährlichen Zuwachs der Geldmenge M3 festgelegt. Die angestrebte Rate lag im Regelfall bei 5 Prozent, um für den angestrebten Anstieg der Preise um knapp 2 Prozent, den langfristigen Trendzuwachs der Wirtschaftsleistung und den üblichen Wunsch der reicher werdenden Bürger nach mehr Geldvermögen Platz zu schaffen. Gemessen an dem Geldmantel, den die Bundesbank bis

1999 jedes Jahr geschneidert hatte, ist der Zuwachs dieser Geldmenge in der Euro-Zone seit zwei Jahren mit rund 2,5 Prozent bedenklich niedrig.

Bereinigt um die Inflationsrate von gut 2 Prozent pro Jahr stagniert die reale Geldmenge M1 nahezu, während die reale Kreditmenge außerhalb des Bankwesens in der Euro-Zone seit zwei Jahren sogar schrumpft. Dies deutet eher auf einen weiter nachlassenden Preisdruck hin. Der Befund ist eindeutig. Die verunsicherten Banken reichen die Zusatzliquidität, die sie von der Europäischen Zentralbank bekommen, nicht an ihre Kunden weiter. Die Liquidität im Bankwesen wird nicht zu Geld in der Wirtschaft.

Zudem möchten in einer akuten Finanzkrise nicht nur Banken auf Nummer sicher gehen. Auch die verängstigten Haushalte und Unternehmen wollen mehr Kasse halten. Um das Gleichgewicht zwischen Angebot und Nachfrage und damit den Wert des Geldes zu wahren, muss die Zentralbank für die Dauer solch einer Krise danach streben, das Geldangebot auszuweiten. Dennoch hat die Geldmenge real, also inflationsbereinigt, nicht zugenommen. Dies kann als Alarmzeichen eines möglicherweise drohenden Deflationsdrucks gelten. Eine Inflationsgefahr lässt sich aus der Entwicklung des Geld- und Kreditvolumens nicht ableiten.

Dieser Zusammenhang lässt sich auch in einer Grafik zeigen. Die Linie in Grafik 5 gibt das Verhältnis zwischen der echten Geldmenge und der Liquidität im Bankensystem wieder. Der Einbruch dieser Linie in den letzten beiden Jahren zeigt, dass die Banken aus der Liquidität, die sie selbst von der Zentralbank bekommen, immer weniger Geld und Kredit für die Wirtschaft schöpfen. In der Fachsprache bezeichnet man dies als Zusammenbruch des Geldmultiplikators. Dies belegt unsere bereits in Kapitel X erläuterte Aussage, dass der normale Übertragungskanal der Geldpolitik verstopft ist. Deshalb muss in der besonderen Situation der Krise die EZB zu außergewöhnlichen Maßnahmen greifen, um wieder eine wirksame Geldpolitik betreiben zu können.

Grafik 5: Einbruch des Geldmultiplikators

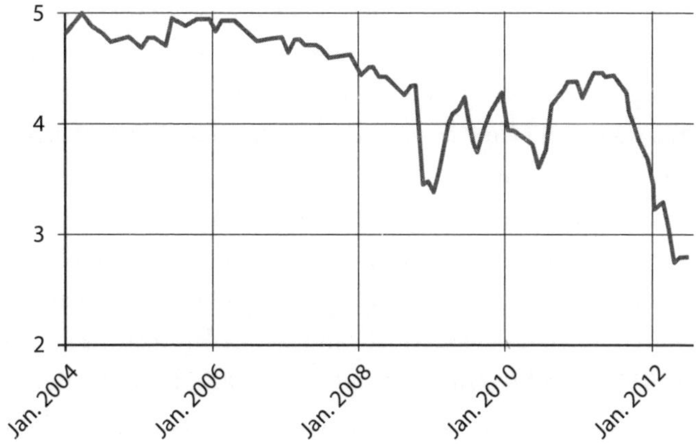

Geldmenge M1 (Bargeld und Sichteinlagen bei Haushalten und Unternehmen) geteilt durch die Zentralbankliquidität für Banken.

Quelle: EZB, Berenberg-Berechnungen

Vier große Fragen

Unsere Argumente beziehen sich auf die akute Finanzkrise: Um die Turbulenzen zu lindern, einen weiteren Absturz unserer Wirtschaft zu vermeiden und langsam den Boden für einen neuen Aufschwung zu bereiten, muss die Zentralbank jetzt außergewöhnliche Mittel einsetzen. Dies wirft vier berechtigte Fragen auf:

Frage 1: Kann die EZB nach der Krise die Zusatzliquidität wieder gefahrlos einsammeln?

Natürlich muss die Zentralbank die Liquiditätsschleusen wieder schließen, wenn die Krise überstanden ist. Aber wir können doch nicht deshalb auf den Einsatz der Feuerwehr bei einem Großbrand verzichten, weil einige Beobachter befürchten, die Helfer würden nach dem Löschen des Feuers vergessen, das Wasser wieder abzustellen und somit langsam das Stadtviertel fluten.

Technisch ist es leicht möglich, bei abnehmender Nachfrage das dann überschüssig werdende Liquiditätsangebot wieder einzusammeln. Wenn die Sparer und Anleger der Welt etwas Vertrauen zurückgewinnen, kann die Zentralbank eventuell erworbene Anleihen wieder mit Gewinn verkaufen. Sollte dies nicht ausreichen, kann sie zudem ihren Einlage- und ihren Ausleihzins anheben und so den Banken einen Anreiz geben, Liquidität an die Zentralbank zurückzugeben. Nach dem zeitweiligen Abklingen der Lehman-Krise war die EZB die erste der großen Zentralbanken, die ihre damaligen Sondermaßnahmen wieder zurückgefahren und 2011 sogar ihre Zinsen erhöht hat. Die EZB hat unter Beweis gestellt, dass sie bei abnehmender Liquiditätsnachfrage auch ihr Liquiditätsangebot wieder einschränken kann.

Frage 2: Widerspricht das nicht der Erfahrung mit der Hyperinflation in Deutschland von 1923?

Im August 1921 hatte das verzweifelte Deutsche Reich die Notenpresse angeworfen, um mit dem neuen Geld Devisen für Reparationszahlungen zu kaufen. Dadurch stürzte der Wechselkurs ab. Ab Januar 1923 musste das Land mit immer mehr neuem Geld auch noch einen regionalen Generalstreik gegen die französisch-belgische Besatzungsmacht finanzieren, die ins Herzstück der deutschen Wirtschaft, das Ruhrgebiet, eingerückt war, um Kohle und Stahl zu beschlagnahmen. Während die Produktion im »passiven Widerstand« einbrach, nahm also das Geldangebot immer weiter zu. Viel weniger Güter, viel mehr Geld und ein ins Bodenlose sinkender Wechselkurs. Das war ein Rezept für echte Inflation. Heute erleben wir weder einen derartigen Anstieg des Geldangebotes noch ein derart künstlich verengtes Angebot an Gütern oder einen Absturz des Wechselkurses.

In den USA hat die Notenbank bisher sechsmal mehr Staats- und Hypothekenanleihen gekauft als die EZB bei uns. Trotzdem lag die Inflationsrate dort mit 1,7 Prozent im August 2012 sogar unter der Rate von 2,6 Prozent in der Euro-Zone. Zum einen liegt das daran, dass im Zuge ihrer Sparmaßnahmen einige Länder der Euro-Zone wie Italien und Spanien ihre Verbrauchssteuern drastisch erhöht haben. Dies schraubt das Preisniveau in der Euro-Zone einmalig, aber spürbar nach oben. Dazu kommt, dass in den USA der schwankende und im Frühsommer 2012 etwas gesunkene Benzinpreis mit größerem Gewicht in die Inflationsrate des sprithungrigen Landes eingeht.

Frage 3: Werden unsere kurzsichtigen Politiker Staatsschulden nicht schlicht weginflationieren?

Inflation gilt vielfach als weiche Möglichkeit für Politiker, sich vor harten Entscheidungen zu drücken. Um sich beim Volk anzubiedern, geben sie einfach frisch gedrucktes Geld aus, das durch keine echte Wirtschaftsleistung gedeckt ist. Wenn anschließend die Preise steigen, hoffen sie, dass die Bürger dies fremden Spekulanten, aber nicht den wunderbaren Geldvermehrern in die Schuhe schieben. Diese Gefahr ist groß; sie ist in der Vergangenheit auch in der westlichen Welt vielfach eingetreten und derzeit noch in manchen Entwicklungsländern zu besichtigen. Vor wenigen Jahren versank Simbabwe in einer Hyperinflation, in Argentinien und Venezuela spielen auch heute unfähige Politiker schamlos dieses populistische Spiel.

Aber welche Risiken blühen uns in der Euro-Zone? Um Inflationsgelüsten zu begegnen, haben nahezu alle westlichen Demokratien die Zügel der Geldpolitik in den 1980er und 1990er Jahren in die Hände unabhängiger Zentralbanken gelegt. Seitdem gab es nirgendwo in der westlichen Welt einen hausgemachten Inflationsschub, der über den vom Ressourcenhunger Chinas getriebenen Anstieg der Einfuhrpreise hinausging. Wie in Kapitel II dargelegt, erfreut sich die multinationale Europäische Zentralbank in der Praxis einer weit größeren Unabhängigkeit als jede andere Notenbank der Welt. Das gesamte Verhalten der

EZB spricht dafür, dass sie alles andere als eine willfährige Geldpolitik betreibt. Als einzige der großen Zentralbanken hat sie auf jedes Anzeichen einer zeitweilig nachlassenden Finanzkrise gleich mit einem Schwenk zu einer härteren Geldpolitik reagiert, beispielsweise mit dem Anheben ihrer Leitzinsen Mitte 2008 sowie im April und Juli 2011. Wie schon gesagt, gibt es keinen Hinweis darauf, dass die EZB vergessen könnte, nach dem Löschen des derzeitigen Brandes die Liquiditätsschleusen wieder zu schließen.

Außerdem zeichnet der allgemeine Verdacht, unsere Politiker würden es gerne auf mehr Inflation ankommen lassen und deshalb die Zentralbank systematisch in diese Richtung drängen wollen, ein Zerrbild unserer Wirklichkeit. Ebenso wie die Gesellschaft lernen auch die verantwortlichen Politiker durchaus dazu. In den 1970er Jahren hat es rund um die westliche Welt einschließlich Deutschlands und der Schweiz tatsächlich den bewussten Versuch gegeben, den Schmerz zweier Ölschocks durch höhere Inflation zu lindern. Das Ergebnis war für die verantwortlichen Politiker niederschmetternd. In allen nennenswerten westlichen Ländern verloren sie daraufhin krachend die nächsten Wahlen. In Großbritannien löste die »Eiserne Lady« Margaret Thatcher die gescheiterte Labour-Regierung ab, in den USA jagte Ronald Reagan den glücklosen Jimmy Carter aus dem Amt, in Deutschland musste Helmut Schmidt einem schwarz-gelben Bündnis unter Helmut Kohl weichen. Die Liste dieser Beispiele ließe sich nahezu beliebig verlängern.

In Wahrheit kann Inflation nur für ganz kurze Zeit populär sein. Gerade weil der organisierte Geldwertschwund so ungerecht und gefährlich ist, wehren Bürger sich schnell gegen das schleichende Gift. In gefestigten Demokratien wissen seit den späten 1970er Jahren selbst die kurzsichtigsten Politiker, die angeblich nur an die nächste Wahl denken, dass eine echte Inflation der Weg in die Wahlniederlage ist.

Frage 4: Können Wirtschaftspolitik und EZB überhaupt Bedingungen durchsetzen?

In der Diskussion um europäische Rettungsmechanismen und den hypothetischen Anreiz zum Schlendrian ist uns in den letzten Jahren immer wieder ein Einwand begegnet. Den Schuldenstaaten mit Sanktionen zu drohen sei doch gar nicht glaubwürdig. Auch wenn ein Land die Bedingungen nicht erfüllt, könnten wir es doch aus Angst vor den Folgen gar nicht bestrafen. Letztlich werde die EZB doch ohnehin eingreifen wollen und müssen.

Umgekehrt wird ein Schuh draus. Bedingungen können wir nur stellen, wenn wir glaubhaft damit drohen können, einem Land die Nothilfe zu verweigern, das die Bedingungen nicht erfüllt. Gerade in einem solchen Fall bräuchte die Euro-Zone ein starkes Sicherheitsnetz, um andere Euro-Mitglieder wirksam vor Ansteckungsgefahren schützen zu können. Nur wenn die EZB bereitsteht, notfalls die unkalkulierbaren Turbulenzen eines Staatsbankrotts in der Euro-Zone mit aller Macht einzugrenzen, kann die Euro-Zone einem Mitglied glaubhaft ankündigen, ihm notfalls den Schutz zu entziehen, falls es gegen die Bedingungen verstößt. So gesehen ist die Bereitschaft der EZB zum Kriseneinsatz im Notfall sogar eine Voraussetzung dafür, dass die europäischen Rettungsfonds auf Dauer ihren Zweck auch unter widrigen Umständen erfüllen können.

Kapitel XII: Staatsbankrott? Der Euro kann uns schützen

Der Weg aus der Schuldenwirtschaft

Wer soll das bezahlen?[12] Völlig zu Recht sorgen sich die Bürger gerade in Deutschland über ausufernde Staatsschulden. In der ersten Hälfte des vergangenen Jahrhunderts mussten meine Großeltern es zweimal erleben, dass der Wert ihrer Geldvermögen jeweils wenige Jahre nach einem verlorenen Weltkrieg nahezu vollständig ausgelöscht wurde, in der Hyperinflation von 1923 und der Währungsreform vom 20. Juni 1948. Viele Bürger der DDR empfanden das Umstellen größerer Sparvermögen von Ostmark in D-Mark zu einem Kurs von 2 zu 1 am 1. Juli 1990 ebenfalls als Währungsschnitt, obwohl sich in diesem Fall zumindest argumentieren ließ, dass dieses Tauschverhältnis dem inneren Wert der Ostmark entsprach. Schließlich konnten sie sich mit der D-Mark danach ein weit breiteres und besseres Warenangebot kaufen, als sie es jemals zu Zeiten sozialistischer Misswirtschaft mit der Ostmark vermocht hatten.

Staatsschulden sind gefährlich. Aber auch hier müssen wir genauer nachdenken, wo die Gefahren liegen und was wir dagegen tun können. Gerade der Euro bietet uns die wohl beste Chance, den Marsch in die Schuldenwirtschaft zu stoppen und den Weg zu einer soliden und nachhaltigen Haushaltspolitik zu finden.

Wofür nehmen wir eigentlich Schulden auf? Zumeist für größere Anschaffungen, die wir gleich bezahlen müssen, aber danach über viele Jahre genießen können. Mit dem Bedienen und Rückzahlen des Kredites verteilen wir den Schmerz des Sparens für diese Investition auf die Zeit, in der wir das Haus oder Auto nutzen. So müssen wir uns nicht den gesamten Betrag vorab vom Munde oder vom Urlaubsgeld absparen. Der Verzicht auf anderen Konsum, das Sparen, fällt auf diese Art zeitlich zusammen mit der Freude über das, was wir uns gerade gönnen. Würden wir erst alles sparen, bevor wir das Haus kaufen, könnten nur wenige von uns ihren Kindern eine angemessene Wohnung oder ein Reihenhaus mit Garten bieten, während diese Kinder noch bei den Eltern leben.

Eine normale Familie holt sich einen Kredit von der Bank, um eine Wohnung zu kaufen oder ein Haus zu bauen. Danach bedient und tilgt sie diesen Kredit, bis sie in 10 oder 20 Jahren schuldenfrei ist. Ihren späteren Erben hinterlassen die Eltern schließlich geordnete Verhältnisse mit etwas Vermögen, oft in der Form des etwas abgenutzten Häuschens, aber keine Schulden. Auch auf dieser Bürgertugend beruht der Wunsch, Schulden immer völlig abzubezahlen.

Für Unternehmen sieht das im Regelfall allerdings anders aus. Ein Unternehmen arbeitet weiter, auch wenn der Eigentümer wechselt. Deshalb ist es nicht das erste Bestreben der Eigentümer oder ihrer Manager, zu einem anstehenden Eigentümerwechsel das Unternehmen schuldenfrei zu haben. Stattdessen wollen sie einen Betrieb übergeben, der nachhaltig gute Gewinne einzufahren verspricht.

Unternehmen nutzen oft Fremdkapital. Maschinen kaufen sie sich nicht nur einmal, sondern immer wieder. Im natürlichen Wachstum bauen sie gelegentlich neue Produktionsstätten auf oder investieren in Forschung und Entwicklung, um mit besseren Gütern und Leistungen am Markt bestehen zu können. Unternehmen beurteilen wir selten danach, ob sie schuldenfrei sind. Stattdessen schauen wir darauf, ob sie ihr Kapital gut nutzen, auch ihr Fremdkapital. Stehen die Schulden im richtigen Verhältnis zum Vermögen, zur Ertragskraft, zum Gewinn und zum Risikoprofil des Unternehmens?

Gesamte Volkswirtschaften ähneln mehr Unternehmen, die nach einem Eigentümerwechsel weitergeführt werden, als Haushalten, deren eigene Lebensperspektiven natürlich begrenzt sind. Eine schuldenfreie Volkswirtschaft in dem Sinne, dass der Staat keinerlei Schulden hat, wäre schön.

Einige Beispiele gibt es dafür. Dies sind aber vor allem Staaten, denen ergiebige Ölfunde rasch zu unerwartetem Reichtum verholfen haben oder die als Steuerparadiese mit Bankgeheimnis letztlich auf Kosten ihrer Nachbarn leben. Aber diese Beispiele sind selten.

Einen unbedingt und völlig schuldenfreien Staat zu fordern wäre etwa so realistisch, wie Aktien von Siemens oder Daimler erst und nur dann zu kaufen, wenn sie ihre Schulden, also ihr Fremdkapital, vollständig zurückgezahlt haben.

Im wahren Leben, auch in der realen Politik, die wir Wähler mit unserer Stimme mitgestalten, ist nicht entscheidend, ob ein Staat schuldenfrei ist. Es kommt darauf an, ob unser Gemeinwesen seine Mittel sinnvoll verwendet und seine Schulden dauerhaft tragen kann. Nachhaltigkeit heißt das moderne Wort dafür. Auch im Umweltschutz ist das Fordern nach null Emission schlicht Illusion. Aber nachhaltig sollte unser Umgang mit Ressourcen schon sein.

Als einfaches Maß für die Tragfähigkeit der Schulden bietet sich die sogenannte Schuldenquote an. Sie setzt den Bestand der Staatsschulden ins Verhältnis zur jährlichen Wirtschaftsleistung und somit zur jährlichen Steuerbasis, auf die der Staat zur Finanzierung seiner Ausgaben einschließlich des Schuldendienstes zurückgreifen kann. Die Schuldenquote können wir verringern, indem wir den Zuwachs der Schulden um mehr eingrenzen, als dem Wachstum der Wirtschaftsleistung entspricht.

Ein einfaches Beispiel: Die Schuldenquote ist ein Bruch mit einem Zähler (Schuldenstand in Euro), der auf einen Nenner (jährliche Wirtschaftsleistung in Euro) bezogen und in Prozent ausgedrückt wird. Wenn Zähler und Nenner mit derselben Geschwindigkeit zulegen, beispielsweise jeweils um 5 Prozent, bleibt der Wert des Bruches und damit die Schuldenquote unverändert.

Die Vorgabe des Maastricht-Vertrages, Staaten sollten kein Haushaltsdefizit von über 3 Prozent ihrer Wirtschaftsleistung haben, leitete sich einst aus einem angenommenen Zuwachs der Wirtschaftsleistung um 5 Prozent (3 Prozentpunkte echtes Wachstum plus 2 Prozentpunkte für die Inflation) ab. Auf Dauer würde sich so bei einem jährlichen Zuwachs des Zählers um 3 Prozent und des Nenners um 5 Prozent die Schuldenquote bei 60 Prozent stabilisieren. Da die Defizitgrenze von 3 Prozent nur in Ausnahmefällen erreicht wird und Staaten in normalen Jahren einen geringeren Fehlbetrag anstreben sollten, käme am Ende eine unter 60 Prozent sinkende Schuldenquote heraus.

So ganz realistisch war die unterstellte Wachstumsrate von 3 Prozent real allerdings nie. Stattdessen wäre wohl eine Annahme von 1,5 bis 2,0 Prozent wirklichkeitsnäher gewesen. Bei einer Inflation von 2 Prozent dürfte der tatsächliche Trendzuwachs der Wirtschaftsleistung der Euro-Mitglieder, ausgedrückt in laufenden Preisen, eher bei 3,5 Prozent bis 4 Prozent liegen. Um dennoch auf eine Schuldenquote von 60 Prozent oder weniger zu kommen, müssen die Haushaltsdefizite deshalb im Schnitt der Jahre deutlich unter 3 Prozent liegen.

Nehmen wir an, ein Land hätte eine Schuldenquote von 90 Prozent, Schulden in Höhe von 900 Milliarden Euro bei einer fiktiven Wirtschaftsleistung von 1000 Milliarden Euro pro Jahr. Bei einem Zuwachs der nominalen Wirtschaftsleistung von 3,5 Prozent auf 1035 Milliarden Euro im folgenden Jahr müsste dieses Land mit einer Neuverschuldung, die 2 Prozent der Wirtschaftsleistung ausmacht (0,02 mal 1035 ergibt 20,7), einen neuen Schuldenstand von 920,7 Milliarden aufweisen. Bezogen auf die neue Wirtschaftsleistung wäre das eine Schuldenquote von 89 Prozent (920,7 geteilt durch 1035, ausgedrückt in Prozent). Mit dem Rückgang der Schuldenquote von 90 Prozent auf 89 Prozent hätte es also die Tragfähigkeit seiner Schulden erhöht, obwohl der Schuldenberg absolut gesehen, also ausgedrückt in Euro, etwas gewachsen ist.

Das Zahlenbeispiel verdeutlicht, worauf es ankommt: Wir müssen die Neuverschuldung eingrenzen und den Zuwachs der Wirtschaftsleistung steigern. Zulegen sollte dabei vor allem die echte, also die reale Wirtschaftsleistung ohne Inflation. Volkswirte nennen den inflationsbereinigten Anstieg der Wirtschaftsleistung das »reale« Wachstum.

Kurzzeitig kann auch eine höhere Inflationsrate die staatliche Schuldenquote künstlich vermindern. Aber auf Dauer lohnt sich eine Inflation für den Staat nicht. Denn im Zeitablauf werden die Bürger, die den Geldwertschwund beobachten und immer misstrauischer werden, den Staat durch immer höhere Risikoaufschläge für seine Staatsanleihen für jede versuchte Inflation streng bestrafen. Nur mit einer schnellen Hyperinflation oder einem schlagartigen Währungsschnitt könnte der Staat dieses Risiko umgehen. Zum Glück könnten die Politiker bei uns sicher sein, dass damit ihre Chancen auf Wiederwahl auf null sänken. Auch deshalb ist es in einer ausgereiften Demokratie nahezu ausgeschlossen, dass selbst kurzfristig denkende Regierungen es jemals auf eine Hyperinflation oder einen echten Währungsschnitt ankommen lassen würden. Denn bis zur nächsten Wahl reicht der Zeithorizont auch der unvernünftigsten Politiker allemal.

Mehr Wachstum, weniger neue Schulden. Das erhöht die Tragfähigkeit der Staatsfinanzen. Deshalb sind wachstumsfördernde Strukturreformen und Sparen das Rezept gegen den Staatsbankrott. Und genau dieses Rezept haben Herr Doktor Schröder und Frau Doktor Merkel Deutschland in seiner eigenen Krise Anfang des vergangenen Jahrzehnts verordnet. Jetzt haben Frau Dr. Merkel und Herr Dr. Draghi dieses Rezept auch den angeschlagenen Randländern der Euro-Zone ausgestellt.

Der heilsame Einfluss des Euro

Ab 2003 hat Deutschland sich selbst saniert. Und zwar im Euro. Das Gemeinschaftsgeld spielte dabei sogar eine wichtige Rolle. Denn mit einer eigenen deutschen Währung hätte die Bundesbank angesichts der anhaltenden Konjunkturschwäche Deutschlands die Zinsen wahrscheinlich niedriger gehalten, als es die Europäische Zentralbank mit Blick auf den Euro-Durchschnitt dann tatsächlich tat. Auch der Ausweg über einen besonders niedrigen Wechselkurs, der sonst vermutlich die strukturelle Schwäche Deutschlands widergespiegelt hätte, war dem Land versperrt.

Noch wichtiger aber war Folgendes: Die deutsche Scham, den einst von Finanzminister Waigel entworfenen und durchgesetzten Stabilitätspakt erst selbst gebrochen und dann de facto abgeschafft zu haben, hat Berlin zumindest teilweise wachgerüttelt. Diese Scham hat das politische Klima mitgeprägt, in dem 2003 eine Art Allparteienkoalition zwischen rot-grünem Bundestag und schwarz-gelb bestimmtem Bundesrat die Reformen verabschieden konnte, die Deutschland wieder auf den Pfad der Tugend zurückgeführt haben.

In der Euro-Zone außerhalb Deutschlands konnten wir den heilsamen Einfluss der Gemeinschaftswährung sogar schon weit früher erkennen. Um sich für das Gemeinschaftsgeld zu qualifizieren, begannen viele Kandidaten bereits 1993, ihre Neuverschuldung kräftig einzuschränken. Es hat zwar vielfach nicht gereicht, um auf den Richtwert von 60 Prozent bei der staatlichen Schuldenquote zu kommen. Leider ist das echte Leben nie perfekt, und ein bisschen geschummelt wird gelegentlich auch. Aber wie bereits in Kapitel V geschildert, ging die Schuldenquote in den Euro-Ländern außerhalb Deutschlands von 1993 bis 2007 immerhin von knapp 90 Prozent auf gut 70 Prozent zurück.

Heute bahnt sich Ähnliches an. Zwar steigen die staatlichen Schuldenquoten derzeit weiter an, da die harten Sparmaßnahmen vieler Länder so sehr auf ihrer kurzfristigen Konjunktur lasten, dass der unmittelbare Rückgang der Wirtschaftsleistung den Sparerfolg mehr als ausgleicht. Aber dies ist ein rein kurzfristiger Effekt. Sobald der Umfang der jeweils neuen Einschnitte in den Staatshaushalt abnimmt, wird die Konjunktur sich wieder erholen. Dann wird sich zeigen, dass bei wieder normaler Konjunktur, aber einem erheblich schlanker aufgestellten Staat die Schuldenquote spürbar abnehmen kann.

Ohne Reformen sähe es nahezu überall in der westlichen Welt düster aus. Aber anders als in den USA, Großbritannien und Japan sehen wir in der Euro-Zone unter dem Druck der Krise eine Welle von Reformen, die auf Dauer die Wachstumskraft der Wirtschaft nachhaltig erhöhen können. Wenn die Euro-Zone Kurs hält, kann sie sich innerhalb einiger Jahre einen beachtlichen Vorsprung gegenüber den USA, Großbritannien und Japan erarbeiten. Denn während die Euro-Zone ihre Staatsfinanzen derzeit auf eine solidere Basis stellt, stehen dort die schmerzhaften Entscheidungen erst noch bevor.

Der hohe Reformdruck in der Euro-Zone ist kein Zufall. Er ergibt sich aus der Natur unserer Gemeinschaftswährung. Den Euro zu bewahren und seine Institutionen zu stärken ist das beste Rezept gegen den Marsch in Schuldenwirtschaft und gegen das hypothetische Risiko eines Staatsbankrotts.

Könnte Deutschland pleitegehen?

Die Turbulenzen der Euro-Krise und die Haftungssummen, die Deutschland tatsächlich oder vorgeblich übernommen hat, lassen natürlich auch die Frage aufkommen, ob vielleicht sogar Deutschland bankrottgehen könnte. Das ist extrem unwahrscheinlich. Solange Deutschland nicht die gesamten Agenda-2010-Reformen rückgängig macht oder den Euro platzen lässt, ist die absehbare Entwicklung für die deutschen Staatsfinanzen eher günstig.

Bis Ende 2011 hatte Deutschland einen staatlichen Schuldenberg in einer Gesamthöhe von 2089 Milliarden Euro aufgehäuft. Der Löwenanteil entfiel auf den Bund mit 1329 Milliarden, der Rest auf die Länder (638 Milliarden) und Gemeinden (140 Milliarden) sowie die Sozialversicherungen (eine Milliarde). Bei einer Wirtschaftsleistung von 2571 Milliarden Euro im Jahr 2011 lag die Schuldenquote damit bei 81,2 Prozent, etwas unter dem Durchschnitt von 87,3 Prozent für die Euro-Zone insgesamt.

Dieser erschreckende Schuldenberg ist das Ergebnis vieler vermeintlicher Wohltaten, die Regierungen verschiedener Farbrichtungen über viele Jahre zum Gefallen ihrer Wähler ausgeteilt haben. Aber Mitte des vergangenen Jahrzehnts riss Deutschland mit seiner Spar- und Reformpolitik das Ruder herum. Als Ergebnis des Beschäftigungswunders dank der Agenda 2010 (umgesetzt weitgehend zwischen 2003 bis 2005, sichtbar am Arbeitsmarkt ab 2006) und der erhöhten Mehrwertsteuer (2006) hatte Deutschland bereits in den Jahren 2007 und 2008 jeweils einen ausgeglichenen Haushalt für den Gesamtstaat. Überschüsse der Gemeinden und Sozialversicherungen glichen kleine Defizite im Bundeshaushalt aus. Nach dem dramatischen Rückschlag im Zuge der Lehman-Rezession konnte Deutschland im ersten Halbjahr 2012 wieder an die Ergebnisse von vor 2009 anknüpfen. Die öffentlichen Kassen konnten insgesamt sogar einen Überschuss von 8,3 Milliarden Euro verbuchen, der, auf das Gesamtjahr hochgerechnet, 0,6 Prozent der Wirtschaftsleistung ausmachen würde. Dieses Ergebnis hat Deutschland trotz der andauernden Euro-Krise und einer eher mauen Konjunktur erzielt.

Die deutsche Wirtschaft und die öffentliche Hand sind derzeit so gut aufgestellt, dass ein ausgeglichener Staatshaushalt zur Norm geworden ist. Das heißt natürlich nur, dass der Schuldenberg nicht weiter wächst. Schrumpfen tut er nicht. Aber bei wachsender Wirtschaftsleistung kann Deutschland sich diese in etwa unveränderten Schulden immer besser leisten.

Nehmen wir einmal an, die deutsche Wirtschaft wüchse im Durchschnitt der Jahre 2013 bis einschließlich 2017 jeweils um 2 Prozent real bei gleichzeitigem Preisauftrieb von jeweils 1,8 Prozent. Diese Zahlen halten wir für realistisch, sofern die Euro-Krise nicht endlos ausufert. Wenn gleichzeitig der Schuldenberg seine absolute Höhe beibehielte, der Staat also keine neuen Schulden aufnähme, sänke damit die Schuldenquote von 81,2 Prozent auf 67,3 Prozent. Schreiben wir dies für zehn statt für fünf Jahre fort, hätte Deutschland Ende 2022 nur noch eine Schuldenquote von 55,7 Prozent. Ein ausgeglichener Staatshaushalt reicht mehr als aus, um die in der Vergangenheit angehäufte Schuldenlast immer erträglicher zu machen.

Rechnen wir ein anderes Beispiel durch. Selbst wenn Deutschland sich künftig pro Jahr ein Defizit von einem Prozent seiner jährlichen Wirtschaftsleistung leistete, würde bei einem realen Wachstum von jährlich 2 Prozent und einer Inflationsrate von 1,8 Prozent die Schuldenquote innerhalb von fünf Jahren von erwarteten 81,2 Prozent Ende 2012 auf 70,7 Prozent Ende 2017 und 61,6 Prozent Ende 2022 zurückgehen.

Eine finanziell nachhaltige Wirtschaftspolitik muss für einen weitgehend ausgeglichenen Staatshaushalt sorgen. Mit dem Versuch, in großem Stile Schulden zurückzuzahlen, würden wir die heutige Generation, die unter den dafür nötigen rabiaten Sparmaßnahmen zu leiden hätte, übermäßig belasten.

Natürlich ist der Haushaltsausgleich leichter gesagt als getan. Das politische Geschäft ist oftmals sehr kurzlebig, ebenso wie die öffentliche Diskussion, die von einem sensationell aufgebauschten Thema zum nächsten hüpft. Um eine nachhaltige Finanzpolitik durchsetzen zu können, bedarf es Regeln, die es Politikern erschweren, den Wünschen ihrer Wähler nach unbezahlbaren Wohltaten nachzugeben. Das politische Geschäft braucht Sicherungen, damit langfristige Interessen nicht gegenüber kurzfristigen Begehrlichkeiten vernachlässigt werden. Ein Beispiel dafür ist die Unabhängigkeit der Zentralbank. Die Zentralbank kann selbst entscheiden, wie sie die Stabilität der Preise sichert, und muss keinem Begehren der Politiker nachgeben, über eine allzu lockere Geldpolitik künstlich die Konjunktur anzuheizen.

Um die gesamte Wirtschafts- und Finanzpolitik zur Nachhaltigkeit zu verpflichten, hat Deutschland bereits Anfang 2009 einen Riesenschritt getan. Die große Koalition unter Kanzlerin Merkel und Vizekanzler Steinmeier hat gemeinsam mit den Ländern eine Schuldenbremse im Grundgesetz verankert. Ab 2016 darf die konjunkturell bereinigte Neuverschuldung des Bundes 0,35 Prozent der Wirtschaftsleistung nicht überschreiten, die Länder müssen ab 2020 ausgeglichene Haushalte vorweisen. Die Aufnahme der Schuldenbremse ins Grundgesetz betont ihren Rang, unterwirft sie der Kontrolle durch das Bundesverfassungsgericht und erschwert es, die Regel wieder abzuschaffen.

Mit dem europäischen Fiskalpakt gehen Deutschland und seine Partner jetzt einen Schritt weiter. Der Fiskalpakt und die anderen neuen Regeln auf europäischer Ebene verankern eine ähnlich strikte Schuldenregel auch auf europäischer Ebene. Damit wird es künftigen politischen Mehrheiten weiter erschwert, die Schuldenbremse zu ignorieren oder auszuhebeln. Der Fiskalpakt gibt uns eine zusätzliche Sicherung gegen einen Rückfall in eine schrecklich-fröhliche Schuldenwirtschaft – auch in Deutschland.

Reformbedarf in Deutschland

So gut Deutschland inzwischen wieder dasteht, auch hier bestehen noch Probleme und gibt es weiteren Reformbedarf, um die Staatsfinanzen dauerhaft im Griff zu behalten.

Für die Zukunft stellen sich für Deutschland ebenso wie für nahezu alle anderen reifen Volkswirtschaften mit einer alternden Bevölkerung vor allem drei große Aufgaben.

- Erstens müssen sie das Renteneintrittsalter laufend der wachsenden Lebenserwartung anpassen, damit sich das Verhältnis zwischen Lebensarbeitszeit und der Länge des Ruhestandes nicht wesentlich ändert. Dazu gehört auch, den Übergang vom Arbeitsleben in die Rente so flexibel zu gestalten, dass Menschen die freie Wahl haben, ab wann sie in welchem Umfang kürzertreten oder ganz aus dem Arbeitsleben ausscheiden möchten mit all den Konsequenzen, die das für die Höhe ihrer Altersbezüge hat.
- Zweitens müssen sie das Gesundheitswesen auf die guten Nachrichten ausrichten: Die Menschen leben länger, zudem gibt uns der medizinische Fortschritt neue Möglichkeiten an die Hand, Leiden zu vermindern. Da dies oft teuer ist, müssen wir uns auf tendenziell steigende Gesundheitsausgaben einstellen, beispielsweise durch mehr Wettbewerb im Gesundheitswesen, mehr Wahlfreiheit für die Versicherten und bessere Angebote für eine private Zusatzvorsorge über das allgemein vorherrschende Niveau hinaus.
- Drittens muss das Bildungssystem gerade den Kindern und Enkeln der Zuwanderer bessere Chancen bieten. Gut ausgebildete Arbeitskräfte werden gebraucht. Einen Teil des vorhandenen Potenzials einfach nicht zu nutzen kann Deutschland sich immer weniger leisten.

Darüber hinaus hat gerade Deutschland als großes Land in der Mitte Europas ein vitales Interesse am Wohlergehen seiner Nachbarn und Freunde. Je mehr es sie in ihrem Reformprozess gegen Finanzstürme absichern hilft, umso mehr kann es eines Tages daraus den Gewinn ziehen, von mehr dynamischen und zahlungskräftigen Handelspartnern im eigenen Währungsraum umgeben zu sein.

Unser wahres Risiko: Wir lassen den Euro platzen

Die schmerzhaften Reformen in Europa sind auch für Deutschland eine Chance. Aber die aktuelle Anpassungskrise stellt auch eine große Gefahr dar. Wenn die Euro-Zone die Turbulenzen immer weiter ausufern ließe, könnte es sogar für Deutschland und seine Staatsfinanzen auf Dauer brenzlig werden.

Rechnen wir einmal ein Extrembeispiel durch. Nach der Lehman-Pleite brach die deutsche Wirtschaft innerhalb von drei Quartalen um 6,4 Prozent ein. Als Folge dieser Rezession stiegen die deutschen Staatsschulden um 300 Milliarden Euro. Lehman war weit weg. Eine Staatspleite Italiens und Frankreichs wäre ganz nah. Nehmen wir an, solche Turbulenzen in Europa würden die deutsche Wirtschaft doppelt so hart treffen (also einen realen Einbruch um 13 Prozent innerhalb eines Jahres bewirken) und die Staatsschulden um den doppelten Betrag (also um 600 Milliarden Euro) anschwellen lassen. Zudem dürfte das Preisniveau (genauer: der Deflator des Bruttoinlandsprodukts) bei einer derartigen Krise bald sinken. Ende 2011 betrug die deutsche Schuldenquote 81,2 Prozent der Wirtschaftsleistung, bei einem Schuldenstand von knapp 2,1 Billionen Euro. Wenn sich der Schuldenstand um 600 Milliarden Euro erhöhte und die nominale Wirtschaftsleistung um 15 Prozent zurückginge, ergäbe das eine

Schuldenquote von 123 Prozent. Damit hätte Deutschland sich etwas über die italienische Schuldenquote von 120 Prozent von Ende 2011 katapultiert.

Diese Zahlen beziehen sich nur auf die rein konjunkturell bedingten Verluste für den deutschen Staatshaushalt, die sich aus den geringeren Steuereinnahmen und den höheren Sozialausgaben in einer tiefen Wirtschaftskrise ergäben. Dazu kämen vermutlich noch erhebliche Vermögensverluste. Bei einem chaotischen Zerfall des Euro müsste Deutschland wahrscheinlich den Großteil der bisher geleisteten Hilfskredite und Garantien für andere Euro-Länder verloren geben. Auch die Bundesbank müsste in solch einem Extremfall wohl erhebliche Teile ihrer Target2-Verrechnungssalden abschreiben. Zählen wir diese Verluste dazu, könnte innerhalb der zwei bis drei Jahre nach einem chaotischen Platzen des Euro die deutsche Schuldenquote durchaus von derzeit 81 Prozent auf bis zu 140 Prozent der verbliebenen deutschen Wirtschaftsleistung hochschnellen.

Mit Glück würden selbst dann die Sparer und Anleger der Welt Deutschland weiter als sicheren Hafen betrachten und das Land ähnlich wie Japan trotz ausufernder Schulden zu günstigen Zinsen finanzieren. Japan trägt heute ja sogar eine weit größere Schuldenlast, als Deutschland sie nach einem hypothetischen Kollaps des Euro haben könnte. Aber Japan liegt mitten in einer dynamischen Wachstumsregion, direkt neben dem mit Abstand wichtigsten Schwellenland China. Deutschland ist dagegen das Land in der Mitte Europas. Wenn dieses Europa im wirtschaftlichen und politischen Chaos versinken würde, wäre die Gefahr groß, dass die Sparer und Anleger der Welt weit weniger gnädig auf Deutschland schauen würden, als sie dies auf Japan noch tun.

Natürlich können wir die möglichen Kosten eines europäischen Armageddons auch nicht annähernd genau beziffern. Aber die Gefahren sind so ausgeprägt, dass es unverantwortlich wäre, es darauf ankommen zu lassen. In allen Diskussionen über die möglichen Kosten und Risiken, die uns in der Euro-Krise blühen können, sollten wir immer bedenken: Eine unterlassene Hilfeleistung wäre für Deutschland wahrscheinlich viel teurer.

Kapitel XIII: Wofür müssen wir geradestehen? Der deutsche Haftungsrahmen

Die europäischen Rettungspakete

Aus guten Gründen gehen Deutschland und seine Partner bei ihren Einsätzen zum Eindämmen der Euro-Krise immer nur schrittweise vor. Denn nur so lässt sich jeweils das Gleichgewicht zwischen Leistung und Gegenleistung, zwischen Haftung und Kontrolle, angemessen austarieren. Das Ergebnis ist allerdings ein nahezu unübersehbarer Buchstabensalat verschiedener Hilfsprogramme. Zunächst einmal müssen wir also versuchen, diesen Kuddelmuddel etwas zu ordnen. Dabei stellen wir jeweils die deutschen und österreichischen Haftungsrisiken heraus.

Griechenland I: Deutscher Haftungsrahmen 15,2 Milliarden Euro

Der Rettungsreigen begann mit einem ersten Paket für Griechenland Anfang Mai 2010. Von dem Gesamtrahmen bewilligter Hilfskredite in Höhe von bis zu 110 Milliarden Euro wurden bis zum März 2012 insgesamt 73 Milliarden ausgezahlt, davon 52,9 Milliarden in bilateralen Krediten anderer Euro-Länder an Griechenland und 20,1 Milliarden vom IWF. Deutschlands Anteil an den bilateralen Krediten beträgt 15,2 Milliarden Euro, die die Kreditanstalt für Wiederaufbau mit einer Bundesgarantie an Athen überwiesen hat. Der deutsche Einsatz kann sich nicht weiter erhöhen, da dieses Paket im März 2012 durch ein zweites Programm für

Griechenland abgelöst wurde, das unter den vorläufigen Rettungsschirm EFSF fällt.

Vorläufiger Rettungsschirm EFSF: 81,2 Milliarden Euro

Der vorläufige Rettungsschirm EFSF darf maximal 440 Milliarden Euro verleihen. Er kann dabei auf Garantien seiner Mitgliedsländer in Höhe von 726 Milliarden Euro zurückgreifen. Die Überdeckung seiner Verbindlichkeiten soll Gläubiger beeindrucken, damit der EFSF sich günstiger Geld am Markt borgen kann.

Tatsächlich nehmen derzeit Irland (maximale EFSF-Mittel 17,7 Milliarden Euro), Portugal (maximal 26 Milliarden Euro) und Griechenland (maximal 144,6 Milliarden Euro) den EFSF in Anspruch. Zu diesen 188,3 Milliarden Euro kommen 3,7 Milliarden

Tabelle 4: Euro-Hilfspakete: Haftungsrahmen für Deutschland und Österreich im Überblick

	Umfang		Deutscher Anteil		Österreichischer Anteil	
	Zugesagt	Maximal	Bisher	Maximal	Bisher	Maximal
Griechenland I	52,9	52,9	15,2	15,2	1,6	1,6
EFSF	192	192	55,8	81,2	5,7	8,3
ESM	100	500	29,1	190	3,0	19,5
EU	48,5	60	9,8	12	1,0	1,2
Insgesamt	393,4	804,9	109,9	298,4	11,3	30,6

In Milliarden Euro.

»Zugesagt« bezieht sich auf den Gesamtumfang der bisherigen Programme für Griechenland, Irland, Portugal und Spanien, wobei die maximal 100 Milliarden Euro für spanische Banken dem ESM zugerechnet werden. Der maximale Gesamtanteil für Deutschland und Österreich in der EFSF ist unter der hypothetischen Annahme errechnet, dass Italien und Spanien als Garantiegeber ausfallen.

Quelle: EFSF, EZB; Bundesministerium der Finanzen; eigene Berechnungen

Euro als Liquiditätspuffer. Maximal kann der EFSF also 192 Milliarden auszahlen. Der deutsche Anteil an den im Grundsatz bewilligten Programmen beträgt somit 55,8 Milliarden Euro. Sollten Spanien und Italien als Garantiegeber ausfallen, könnte sich der deutsche und österreichische Maximalanteil auf 81,2 beziehungsweise 8,3 Milliarden Euro erhöhen.

Dauerhafter Rettungsschirm ESM: bis zu 190 Milliarden Euro

Der dauerhafte Rettungsschirm ESM soll im September 2012 mit einem Gesamtkapital von 700 Milliarden Euro starten, von denen 80 Milliarden bis zum Frühjahr 2014 in bar einzuzahlen sind. Deutschlands Anteil am ESM beträgt 27,1 Prozent, also 190 Milliarden Euro. Der ESM soll insgesamt bis 500 Milliarden auszahlen können. Mit dem Start des ESM im Oktober 2012 verfällt die restliche Kapazität des EFSF.

Mitte 2012 hat Spanien Hilfe für seine Banken beantragt. Die Euro-Länder bewilligten im Juli 2012 einen maximalen Rahmen von 100 Milliarden Euro, obwohl verschiedene Schätzungen eher einen Bedarf von 60 Milliarden Euro nennen. Im Maximalfall betrüge der deutsche Anteil an einem Kredit von 100 Milliarden Euro an Spanien 29,1 Milliarden Euro. Der spanische Antrag richtete sich zwar zunächst an den vorläufigen Rettungsschirm EFSF, der jedoch Ende September 2012 durch den Dauerschirm ESM abgelöst werden soll. Ab dann wird dieses Programm also auf den ESM übergehen, dem wir es deshalb zurechnen.

EU-Programme: bis zu 12 Milliarden Euro

Irland und Portugal erhielten neben den Krediten aus dem vorläufigen Rettungsschirm zusätzlich Mittel aus einem Anpassungsfonds der Europäischen Union. Dieser EFSM wird vom EU-Haushalt garantiert, in den alle 27 EU-Länder einzahlen. Deutschlands Bruttoanteil beträgt nach Angaben des Bundesfinanzministeriums rund 20 Prozent. Der Fonds hat eine Gesamtkapazität von 60 Milliarden Euro, von denen Irland 22,5 Milliarden und Portugal 26 Milliarden zugesprochen bekamen. Der deutsche Anteil liegt hier bislang bei 9,8 Milliarden und könnte theoretisch auf maximal 12 Milliarden Euro steigen.

Europäische Programme insgesamt: bis zu 298 Milliarden Euro

Rechnen wir den Maximalbetrag für spanische Banken mit, ergibt sich aus den bereits bewilligten europäischen Hilfsprogrammen damit für Deutschland eine mögliche Haftungssumme von 109,9 Milliarden Euro (15,2 Milliarden Euro aus dem ersten griechischen Paket, 55,8 Milliarden aus dem vorläufigen Rettungsschirm, 29,1 Milliarden aus dem ESM und 9,8 Milliarden aus dem EU-Anpassungsfonds). Sollten der Dauerschirm ESM und der kleine EU-Anpassungsfonds voll genutzt werden, könnte der deutsche Haftungsrahmen auf bis zu 273 Milliarden Euro steigen. Fielen Spanien und Italien als Garantiegeber aus, wären es bis zu 298,4 Milliarden Euro. Dies entspräche 11,3 Prozent der deutschen Wirtschaftsleistung des Jahres 2012. Zum Vergleich: Die Lehman-Rezession hatte Deutschland mit damals etwa 300 Milliarden Euro etwa 12,6 Prozent der Wirtschaftsleistung des Jahres 2009 gekostet.

Deutscher Anteil am IWF: 5,6 Milliarden Euro

Der Einsatz des Internationalen Währungsfonds wird in der Diskussion oftmals anteilig den Mitgliedsländern des IWF zugerechnet. Der Fonds hat sich bisher mit 22,5 Milliarden Euro am Programm für Irland und 26 Milliarden am Programm für Portugal beteiligt. Griechenland hat der IWF im Rahmen des ersten Rettungspakets 20,1 Milliarden ausgezahlt und 28 Milliarden im Rahmen des zweiten Pakets in Aussicht gestellt. Am Paket für spanische Banken ist der IWF nicht beteiligt. Insgesamt belaufen sich die getätigten und versprochenen IWF-Zahlungen also auf 96,6 Milliarden Euro. Der deutsche Anteil am IWF beträgt 5,8 Prozent, so dass Deutschland hier hypothetisch mit 5,6 Milliarden Euro haftet. Beteiligt sich der IWF an weiteren möglichen Programmen in der Euro-Zone, steigt dieser Betrag entsprechend.

Der Internationale Währungsfonds ist in einer Vielzahl von Ländern engagiert, hat sich bisher immer den Status eines bevorzugten Gläubigers gesichert und bei den zahlreichen Schuldenschnitten in Schwellen- und Entwicklungsländern, in denen er engagiert war, kaum Forderungen abschreiben müssen. Selbst wenn er entgegen dieser Tradition einen Teil seines Engagements in Griechenland verlöre, könnte er vermutlich durch Einnahmen aus seinen anderen Krediten binnen weniger Jahre einen Teil der Verluste auffangen, ohne auf seine Eigentümer, die Mitgliedsländer, zurückgreifen zu müssen. Das Engagement des IWF lassen wir deshalb bei unseren weiteren Überlegungen weitgehend außer Acht.

Zudem ist der IWF der Art nach, in der Mitgliedsländer für ihn haften, eher den Zentralbanken als den Rettungsfonds zuzurechnen. So käme neues deutsches Kapital für den IWF bei Bedarf von der Bundesbank, nicht vom Finanzminister. Deshalb taucht der IWF-Beitrag weiter hinten in unserer Tabelle zum Einsatz der Zentralbanken auf.

Das hypothetische deutsche Verlustrisiko

Der maximale Haftungsrahmen aus den europäischen Hilfsprogrammen, den wir hier aufgezeigt haben, gibt keinen klaren Hinweis auf die möglichen Kosten für Deutschland. Denn selbst bei Staatspleiten, wie sie in Entwicklungs- und Schwellenländern immer wieder auftreten, gehen fast nie die gesamten Mittel verloren. Der Abschreibungsbedarf beträgt typischerweise zwischen 50 und 70 Prozent. Selbst im schlimmsten Fall einer Staatspleite in allen Euro-Ländern, für die Deutschland bisher eine Haftung übernommen hätte, läge der Verlust damit unter dem, was der Deutsche Bundestag als maximalen Haftungsrahmen vorgegeben hat. Um eine überschlagsartig berechnete Zahl zu nennen: Würde der gesamte Haftungsrahmen voll ausgeschöpft und gingen alle Programmländer nach zwei Jahren bankrott, so würden Deutschland rein hypothetisch bei einem endgültigen Abschreibungsbedarf von 60 Prozent Verluste von 179 Milliarden Euro drohen. Rechnen wir die deutschen Netto-Zinseinnahmen aus den zwei Jahren vor dem hypothetischen Ausfall dagegen, bliebe ein Verlust von etwa 168 Milliarden Euro. Das entspräche 6,3 Prozent der deutschen Wirtschaftsleistung des Jahres 2012.

So ein Verlust täte sehr weh. Aber er würde nur zur Hälfte an die Kosten der Lehman-Rezession heranreichen. Das deutsche Risiko, das sich aus dem vom Bundestag für Griechenland sowie für die beiden Rettungsschirme genehmigten Haftungsrahmen ergibt, ist beherrschbar. Es handelt sich nicht um Größenordnungen, die das Land an einen Staatsbankrott heranführen könnten.

Risiken in der EZB-Bilanz

Einen Bereich der denkbaren Haftungsrisiken, der gerade in der deutschen Debatte eine herausragende Rolle spielt, haben wir bislang noch nicht angesprochen: die vermeintlichen Risiken, die in der Bilanz des Euro-Systems, also des Gesamtsystems der Europäischen Zentralbank und der ihr angeschlossenen 17 nationalen Zentralbanken, schlummern könnten.

Diese vorgeblichen Risiken fallen in vier Kategorien.

1. Die EZB hat in der Finanzkrise ihre Aktivitäten ausgeweitet und damit ihre Bilanz verlängert.

2. Sie stellt geringere Anforderungen an die Wertpapiere, die sie als Kreditsicherheiten akzeptiert.
3. Sie kauft Staatsanleihen.
4. Im Verrechnungssystem der EZB für den Zahlungsverkehr in der Euro-Zone haben sich große Salden zwischen einzelnen Teilen des Systems aufgebaut, die Ansprüche der Bundesbank gegenüber dem Euro-System von 751 Milliarden Euro Ende August 2012 aufwiesen (Target2-Salden).

Bevor wir auf diese Risiken eingehen, müssen wir uns zunächst daran erinnern, dass Deutschland sich mit dem Maastricht-Vertrag von 1992 und dem endgültigen Beschluss Anfang 1998 über den Beginn der Währungsunion im Jahr 1999 für ein Gemeinschaftsgeld mit einer gemeinsamen Zentralbank und einer gemeinsamen Geldpolitik entschieden hat. Diese gemeinsame Zentralbank hat auch eine Bilanz, die Deutschland und alle anderen Mitgliedsländer als Miteigentümer gemäß ihrem jeweiligen Anteil gemeinsam tragen. Alle Gewinne und Verluste, alle Chancen und Risiken, die sich aus den Gemeinschaftsaufgaben der EZB und der nationalen Zentralbanken ergeben, werden nach dem Kapitalschlüssel der EZB aufgeteilt. Der deutsche Anteil daran beträgt 27,1 Prozent, der österreichische Anteil 2,8 Prozent.

Die Bilanzsumme der Zentralbank ist keine feste Größe. Sie passt sich den jeweiligen Aufgaben an. Wie in Kapitel X dargelegt, steigt in einer Finanzkrise die Nachfrage der Geschäftsbanken nach Liquidität sprunghaft an. In ungewissen Zeiten brauchen die Banken mehr flüssige Reserven, um für Notfälle gerüstet zu sein. Käme die Zentralbank dieser zusätzlichen Nachfrage nach Liquidität nicht nach, würde sie einen Zusammenbruch vieler Banken mit einer verheerenden Kettenreaktion quer durch die gesamte Wirtschaft riskieren.

Mit dem Einschuss von mehr Liquidität in das Bankensystem wächst automatisch auch die Bilanzsumme der Zentralbank.

Diese Verlängerung der Bilanz als »Risiko« zu entdecken entspringt einem absonderlichen Missverständnis. Das wahre Risiko läge darin, es der Notenbank zu verwehren, ihre Geldpolitik an die Erfordernisse der Krise anzupassen. Wenn aufgrund einer nicht situationsgerechten Geldpolitik beispielsweise reihenweise deutsche oder österreichische Finanzinstitute wegen mangelnder Liquidität ins Gerede kämen, könnte dies Turbulenzen auslösen, die gerade auch den Interessen der heimischen Wirtschaft und Steuerzahler völlig zuwiderlaufen würden.

Zudem ist allein eine längere Bilanz der Notenbank kein Nachteil für den Steuerzahler. Da die EZB für ihre Liquidität ja von den Banken und Sparkassen Zinsen verlangt, während sie selbst diese Liquidität kostenlos schöpfen kann, bedeutet eine längere EZB-Bilanz für sich genommen zunächst einmal eine Chance auf einen höheren Zinsgewinn für sie. Diesen Ertrag schüttet die EZB dann zu 27,1 Prozent an die Deutsche Bundesbank aus, selbst wenn nahezu alle Extrakredite an spanische und italienische Banken gegangen sein sollten.

Zusätzliche Liquidität gibt die EZB nur heraus, wenn die Banken ihr Wertpapiere verpfänden oder verkaufen.

In der anhaltenden Finanzkrise hat sie mehrfach die Mindestanforderungen gelockert, die sie an solche Wertpapiere stellt. Damit geht sie in der Tat ein größeres Risiko ein, dass einige solcher Papiere ausfallen können. Nur unter zwei Bedingungen kann die EZB einen echten Verlust machen. Zum einen, wenn die Bank, der sie Liquidität auf Zeit eingeräumt hat, den Kredit nicht zurückzahlen kann. Zum anderen, wenn sich zudem das Wertpapier, das die Bank als Sicherheit hinterlegt hat, als ganz oder teilweise wertlos erweist. So etwas kann vorkommen, tut es aber nur selten.

Darüber hinaus berücksichtigt die EZB in ihren Operationen ein höheres Ausfallrisiko von vornherein. Denn sie verlangt von den Banken umso mehr Wertpapiere als Pfand, je schlechter die

Tabelle 5: Der Einsatz der Zentralbanken und des Internationalen Währungsfonds

	Insgesamt	Hypothetische Anteile	
		Deutschland	Österreich
IWF-Zusagen	96,6	5,6	0,6
EZB-Bestand an Staatsanleihen*	209	56,6	5,8
Eurosystem Target2-Salden**	966,2	261,5	26,8

In Milliarden Euro.

* Bestand an Staatsanleihen der Länder Griechenland, Irland, Portugal, Spanien und Italien aus dem Securities Market Programme der EZB, Ende August 2012.

** Negativsalden der Zentralbanken dieser fünf Krisenländer im Target2-Verrechnungssystem gegenüber dem Euro-System aus Europäischer Zentralbank und den nationalen Zentralbanken der 17 Euro-Mitglieder, Ende Juni 2012.

Quelle: EZB; IWF; eigene Berechnungen

Qualität dieser Papiere ist. Eine erhebliche Ausfallwahrscheinlichkeit, beispielsweise von 26 Prozent für bestimmte Hypothekenanleihen, ist also von der EZB bereits einkalkuliert. Ob mit der Hereinnahme schlechterer Wertpapiere zu einem entsprechenden Abschlag das Risiko der EZB also insgesamt nennenswert steigt, ist deshalb nicht allgemein zu beantworten.

Generell gilt: Je mehr die EZB zuließe, dass die Euro-Zone mangels einer angemessenen Antwort der Geldpolitik auf die Krise in eine immer tiefere Rezession abgleitet, desto mehr stiege das Risiko, dass bei ihr verpfändete Wertpapiere ausfallen könnten. Denn in einer Rezession leidet sowohl die Bonität der Banken als auch die Qualität der Kreditsicherheiten.

EZB-Bestand an Staatsanleihen

In vielen Diskussionen werden die Staatsanleihen, die die EZB seit Mai 2010 erworben hat, als besonders problematisch behandelt. Oftmals werden diese Wertpapiere im Bestand der EZB anteilig den deutschen und österreichischen Haftungsrisiken zugerechnet. Deshalb lohnt sich ein genauer Blick auf die tatsächlichen Risiken. Machen wir uns einmal die Mühe, sie für Deutschland anhand des Extrembeispiels Griechenland durchzurechnen.

Nehmen wir an, die EZB hätte griechische Staatsanleihen zu einem Nennwert von 60 Milliarden Euro gekauft. Da sie erst eingegriffen hat, als die Kurse dieser Papiere schon recht gedrückt waren, hat die EZB sie vielleicht zu einem Kurs von nur 75 Prozent des Nennwertes erworben. Sie hätte also 45 Milliarden ausgegeben. Diese Zahlen weichen nicht sehr ab von denen, die in der Presse gelegentlich genannt wurden. Nehmen wir zudem an, diese Anleihen böten einen jährlichen Zinskupon von 5 Prozent bezogen auf den Nennwert bei einer Laufzeit von fünf Jahren. Die Zinseinnahmen sind für die EZB in voller Höhe ein Gewinn, da sie selbst keine Finanzierungskosten hat.

Bedient Griechenland diese Schulden immer in voller Höhe, beläuft sich der mögliche Zinsgewinn über fünf Jahre insgesamt auf 15 Milliarden Euro (ohne Zinseszinsen). Dazu kommt bei Fälligkeit der Anleihen ein Kursgewinn von 15 Milliarden, da Griechenland ja den Nennwert, also 60 Milliarden Euro, zurückzahlt. Der Gesamtgewinn betrüge damit 30 Milliarden Euro. Bezogen auf den Einsatz der EZB von 45 Milliarden wäre das ein Bombengeschäft mit einem Gewinn von insgesamt 67 Prozent über fünf Jahre. Deutschland stünden davon 27,1 Prozent, also 8,1 Milliarden Euro, zu.

Das gilt natürlich nur für den Fall, dass Griechenland diese Schulden voll bedienen kann. Jetzt nehmen wir einmal an, die EZB müsste Ende 2012 auf ihre griechischen Anleihen einen Schuldenschnitt von 60 Prozent hinnehmen. Der Nennwert der

Schulden würde damit von 60 Milliarden auf 24 Milliarden Euro sinken. Zudem bekäme die EZB auf die neuen Schuldtitel nur noch 3 Prozent Zinsen für eine Restlaufzeit, die im Interesse Griechenlands auf fünf Jahre bis Ende 2017 festgesetzt würde. Diese drastisch abgewerteten Schulden würde Griechenland dann voll bedienen können.

Für die EZB ergäben sich dann folgende Zahlungsströme. Ausgegeben hatte sie 45 Milliarden Euro. Zurück bekäme sie schließlich den neuen Nennwert von 24 Milliarden Euro. Dazu kämen Zinseinnahmen für die zweieinhalb Jahre vor dem Schuldenschnitt von 7,5 Milliarden sowie für die fünf Jahre danach von 3,6 Milliarden. Bei Einnahmen von insgesamt 35,1 Milliarden Euro betrüge also der dauerhafte Abschreibungsbedarf der EZB aus griechischen Staatsanleihen insgesamt 9,9 Milliarden. Auf Deutschland entfielen gemäß seinem Anteil von 27 Prozent davon 2,7 Milliarden Euro, auf Österreich 280 Millionen.

Allgemein gesprochen begrenzen also drei Faktoren die hypothetischen Verluste der EZB aus Staatsanleihen der Euro-Randländer.

- Die EZB kauft die Papiere nur im Fall erheblicher Marktturbulenzen, also wenn diese Titel mit einem kräftigen Abschlag zu ihrem Nennwert gehandelt werden.
- Selbst bei einem Staatsbankrott kommt es kaum zu einem Totalverlust.
- Zwischenzeitlich fließen der EZB Zinseinnahmen zu.

Das Risiko der EZB aus ihren Beständen an griechischen Staatsanleihen hält sich deshalb in engen Grenzen. Kein anderes Land der Euro-Peripherie ist auch nur annähernd in einer derartig prekären Lage wie Griechenland. Das Risiko, dass die EZB mit ihren Beständen an Staatsanleihen anderer Länder dramatische Verluste erleiden könnte, mutet deshalb gering an. Allerdings gilt auch dieses nur unter der Voraussetzung, dass Deutschland und Europa nicht so dumm sind, den Euro einfach platzen zu lassen. Würde Deutschland auf die Anhänger eines Nord-Euros oder anderer Wege zum deutschen Ausstieg aus dem Euro hören, könnten weit größere Verluste drohen. Aber dies wären dann weniger Risiken, die wir der EZB-Bilanz zuschieben könnten. Dies wären Risiken, die sich aus einer ebenso hypothetischen wie absurden Dummheit ergäben.

Bei der Diskussion der Risiken in der EZB-Bilanz müssen wir uns zudem fragen, welches die Alternativen der EZB zum direkten Kauf von Staatsanleihen wären. Einfach zuzuschauen, wie die deutsche und europäische Wirtschaft samt der Gemeinschaftswährung den Bach runtergehen, scheidet als Alternative hoffentlich aus. Wie wir in Kapitel X erläutert haben, kann ein direkter Eingriff am Markt für Staatsanleihen wesentlich effektiver sein als eine Liquiditätsspritze ins Bankensystem. Der direkte Eingriff stärkt das Vertrauen in den Fortbestand des Euro, die Liquiditätsspritze mag nur die Kapitalflucht alimentieren. Bietet die EZB den Banken mehr Liquidität an, nimmt sie dafür ja auch Staatsanleihen als Kreditsicherheiten an. Wenn die EZB direkt kauft, landen deshalb insgesamt vermutlich weniger Anleihen in ihren Büchern, als wenn sie nur auf die weniger wirksame Methode der reinen Liquiditätsspritze ins Bankensystem zurückgreifen würde.

Ein Thema für sich: Target2

Besonders hitzig wird die deutsche Debatte zumeist dann, wenn das Stichwort Target2 fällt. Selten zuvor hat ein obskurer Fachbegriff aus der Binnenwelt der Zentralbanken die Öffentlichkeit so schnell in so große Aufregung versetzt. Und selten haben prominente Wissenschaftler mit derart irreführenden Beiträgen die öffentliche Debatte so sehr fehlgeleitet wie in diesem Fall. Glaubt man manchen Polemiken aus München und anderen Forschungsstätten, so erlaubt es das Target2-Verrechnungssystem für den Zahlungsverkehr innerhalb der Euro-Zone, dass einige Länder Europas auf deutsche Kosten in Saus und Braus leben können. Der dadurch für Deutschland drohende vermeintliche Riesenschaden ließe sich nur begrenzen, indem es seine langjährigen Freunde und Nachbarn vor die Tür setzte. Das ist blanker Unsinn.

Bei Target2 geht es zunächst einmal um reine Verrechnungssalden innerhalb eines Konzerns, des Systems der europäischen Zentralbanken, das aus der Europäischen Zentralbank und den ihr angeschlossenen 17 nationalen Zentralbanken der Mitgliedsländer besteht. Jeder Verbindlichkeit des Gesamtkonzerns stehen Vermögenswerte gegenüber. Nahezu alle Forderungen des Konzerns an Außenstehende sind durch Kreditsicherheiten gedeckt, und zwar so, dass der Nennwert der Sicherheiten den abzusichernden Betrag zumeist übersteigt. Damit ist ein gewisses Ausfallrisiko einzelner Forderungen schon berücksichtigt. An dem Konzern trägt die Deutsche Bundesbank als Zweigstelle einen Anteil von 27,1 Prozent, der österreichische Anteil liegt bei 2,8 Prozent.

Würde der Konzern so aufgelöst, dass die Schulden vor allem bei einer Zweigstelle landeten, während andere Konzernteile sich die Vermögenswerte sicherten, gäbe es natürlich ein Problem. Würde die Bundesbank aus dem Euro-System austreten und sich dabei nur Schulden aufbürden, statt sich auch die entsprechenden Vermögenswerte zuschreiben zu lassen, wäre das tatsächlich bitter. Aber warum sollte Deutschland je einer solchen Aufteilung von Hab und Gut des Euro-Systems zustimmen?

In den Target2-Salden drückt sich – vereinfacht gesprochen – die von der Angst vor einem Schuldenschnitt beziehungsweise einem Zerbrechen des Euro getriebene Kapitalflucht aus der Euro-Peripherie in die Kernländer aus. Alles, was das Misstrauen der Anleger in die Stabilität und den Zusammenhalt des Euro nährt, dürfte zu neuer Kapitalflucht aus der Peripherie und somit zu höheren Negativsalden für diese Länder im Target2-System führen. So würde beispielsweise eine Debatte über einen deutschen Ausstieg aus dem Euro, den wir für absurd halten, unmittelbar eine neue massive Kapitalflucht aus der Peripherie nach Deutschland auslösen und somit die Ungleichgewichte in den Target2-Salden (spanischer Fehlbetrag, deutscher Überschuss) verstärken.

Der Schlüssel für den Abbau der Salden ist dagegen, das Vertrauen der Anleger in den Zusammenhalt des Euro und die wirtschaftliche Zukunft der Randländer zurückzugewinnen. Zwei der Länder haben es bereits geschafft, die Spirale des Misstrauens der Märkte zu durchbrechen und an den Märkten ein wenig des verlorenen Vertrauens zurückzugewinnen. Portugal und Irland sind relativ früh (im Herbst 2010 beziehungsweise im Frühjahr 2011) in schwere Turbulenzen geraten, haben im Vergleich zu Griechenland weniger ausgeprägte Haushalts- und Strukturprobleme und zudem eine gefestigtere Verwaltung, die beschlossene Reformen besser umsetzt. Inzwischen hat sich mit dem langsam wiederkehrenden Vertrauen der Märkte der irische Negativsaldo im Target2-System von 145,2 Milliarden Euro im Dezember 2010 bis zum Juni 2012 bereits auf 103,2 Milliarden Euro verringert. Für Portugal hat sich der Negativsaldo seit Anfang 2011 zwischen 65 und 75 Milliarden Euro nahezu stabilisiert.

Das Beispiel dieser Länder zeigt, dass die Target2-Salden sich mit dem Abklingen der Euro-Vertrauenskrise wieder wie von selbst zurückbilden können. Da die weit größeren Länder Spanien und Italien erst später in ihre Anpassungskrise geraten sind, wird es noch etwas dauern, bis die misstrauischen Anleger die Anpassungserfolge auch dort honorieren. Aber wenn es der Euro-Zone gelingt, die Lage hier insgesamt zu stabilisieren, werden mit dem Abebben der Kapitalflucht auch die Negativsalden im Target2-System wieder verschwinden.

Was kosten uns die Target-Salden?

In vielen Beiträgen zur Diskussion um die Target2-Salden wird davor gewarnt, dass einst die deutschen Steuerzahler die Zeche zu bezahlen hätten. Das ist blanker Unsinn. Im Grunde besteht hier nur eine Gefahr: Würden sich die Euro-Skeptiker mit ihrer Absicht, den Euro abzuschaffen, in einen Nord- und Süd-Euro aufzuspalten oder durch einen Rausschmiss aller Randländer die Euro-Zone schrumpfen zu lassen, durchsetzen, so könnten die dann drohenden Wirren den deutschen Steuerzahler tatsächlich teuer zu stehen kommen. Denn in einem chaotischen Zusammenbruch des Euro könnten die Verrechnungssalden innerhalb des Systems der Euro-Zentralbanken tatsächlich zu einem Problem werden.

Für den Zahlungsverkehr im Target2-Mechanismus ist das Euro-System als eine Einheit zuständig. Sollte es in diesem System Verluste geben, beispielsweise weil griechische Banken in einem hypothetischen Fall ihre Verpflichtungen aus Target2 gegenüber der griechischen Notenbank nicht begleichen können, so würden diese innerhalb des gesamten Euro-Systems nach dem sogenannten Kapitalschlüssel umgelegt, also nach den Eigentumsanteilen der einzelnen Länder am Euro-System. Um es zu echten Verlusten in nennenswerter Höhe kommen zu lassen, müssten mehrere Bedingungen erfüllt sein:

Erstens müssten die griechischen Banken ihre Verpflichtungen gegenüber ihrer Zentralbank nicht mehr erfüllen können. Zweitens müssten sich die Kreditsicherheiten, welche die Geschäftsbanken bei ihrer Notenbank hinterlegt haben, als weitgehend wertlos erweisen. Die griechische Notenbank müsste drittens aus dem Euro-System ausscheiden und viertens ihre Verpflichtungen gegenüber ihren früheren Euro-Partnern nicht mehr anerkennen. Und schließlich wäre in den sich anschließenden Umschuldungsverhandlungen aus einem verarmten und verbitterten Griechenland kaum etwas zu holen.

Bei einem chaotischen Rausschmiss Griechenlands aus dem Euro könnten diese Bedingungen theoretisch erfüllt sein. Dann hätte der Rest des Euro-Systems den griechischen Negativsaldo von etwa 100 Milliarden Euro vermutlich teilweise abzuschreiben. Auch für andere Krisenländer würden die Target-Salden nur dann zu einem Problem werden, wenn Deutschland sie zu einem chaotischen Ausstieg aus dem Euro verdammen würde. Da alle anderen Länder eine weit weniger schlechte Startposition hatten als Griechenland und zudem ihre Reformprogramme weit besser umsetzen, dürfte es dafür keinen triftigen Grund geben.

Um es noch einmal deutlich zu sagen: Wenn Deutschland und die Europäische Zentralbank es zuließen, dass die Gemeinschaftswährung in einem ungeordneten Chaos unterginge, würde die dann unvermeidliche Depression auch und gerade die ausfuhrabhängige deutsche Wirtschaft hart treffen. In einem politischen und wirtschaftlichen Chaos könnten die Target2-Salden zu den möglichen Kosten gehören. Aber angesichts der allgemeinen wirtschaftlichen und politischen Schäden, die in einem derartigen Extremfall auftreten dürften, wäre dies wohl eine der kleineren Sorgen, die Deutschland dann hätte.

Angesichts der Bedeutung, die das Thema Target2 in der öffentlichen Diskussion bekommen hat, gehen wir in einem Exkurs am Ende dieses Kapitels näher auf einige Details des Target2-Verrechnungssystems ein.

Die deutschen Risiken

Die Diskussion über hypothetische deutsche Verluste aus den verschiedenen Hilfsprogrammen und der EZB-Bilanz geht an der eigentlichen Frage weitgehend vorbei. Denn viel wichtiger als der maximale Haftungsrahmen ist ein ganz anderer Gesichtspunkt. Die möglichen Kosten hängen vor allem von der Wahrscheinlichkeit ab, dass die vergebenen Kredite tatsächlich ausfallen könnten. Werfen wir gutes Geld schlechtem hinterher, oder sorgen wir durch eine entsprechende Kontrolle dafür, dass die Mittel sinnvoll eingesetzt werden?

Wenn eine Bank einem Unternehmen einen Überbrückungskredit gewährt, um eine kurzzeitige Auftragsflaute abzufedern oder ein erfolgversprechendes Sanierungsprogramm zu begleiten, hilft die Bank nicht nur dem Unternehmen, sondern auch sich selbst. Mit dem Kredit steigt die Wahrscheinlichkeit, dass das Unternehmen die aktuelle Liquiditätsklemme überstehen und danach all seine Verpflichtungen aus Fremdkapital pünktlich bedienen kann. Das Ausfallrisiko früherer Bankkredite an dieses Unternehmen sinkt also, die Bank tut sich mit dem Engagement selbst einen Gefallen.

Ähnliches gilt für die Euro-Krisenstaaten. Mehr als auf die Haftungssumme müssen wir auf die Sanierungsfortschritte in den Ländern achten, die Europa mit seinen Garantien gegen Finanzstürme absichert. Mit der möglichen Ausnahme von Griechenland sind alle Länder auf einem guten Wege. Mit einer unterlassenen Hilfeleistung ließe sich also keineswegs Geld sparen. Im Gegenteil. Würde Deutschland seine Nachbarn und Freunde mitten in ihrem Sanierungsprozess fallen lassen, müssten sie wohl Konkurs anmelden. Und das wiederum würde bedeuten, dass Deutschland mehr als nur einen erheblichen Teil der bisher geleisteten Haftungssummen abschreiben müsste. Wenn wir im Gegensatz dazu die Nerven behalten und den Reformprozess in den Randländern des eigenen Währungsraumes absichern, werden wir wahrscheinlich sogar mit Gewinn aus der Krise herauskommen.

Natürlich müssen wir dabei immer darauf achten, dass Deutschland seinen Beistand nur Ländern gewährt, die durch Reformen ihre langfristige Leistungsfähigkeit entsprechend erhöhen. Aber genau das ist ja der Sinn all der Auflagen, an die Europa die Hilfen an seine kriselnden Randländer bisher gebunden hat. Tatsächlich ist Deutschland erhebliche Risiken eingegangen. Aber all diese Risiken sind beherrschbar. Niemand kann zwar vorab garantieren, dass alle Reformländer tatsächlich wieder auf einen grünen Zweig kommen. Aber die bisherige Erfahrung mit dem Reformprozess spricht eindeutig dafür, dass die Randländer auch dank der deutschen Hilfe insgesamt auf dem richtigen Wege sind. Wenn die Garantiegeber die Länder auf diesem Wege halten, dann können die Geber ihren Einsatz verzinst zurückerhalten. Und der Zins bestünde ja nicht nur bei einem finanziellen Vorteil. Der weit größere Gewinn wäre für Deutschland eine Gemeinschaft von Nachbarn und Freunden, die gestärkt aus der Krise hervorginge.

Abgesehen vom griechischen Schuldenschnitt, den wir im nächsten Absatz getrennt betrachten, haben Deutschland und Österreich bisher mit ihrem Engagement keinen direkten finanziellen Verlust erlitten. Schließlich verzinsen sich die vergebenen Kredite mit einem Satz, der zwei bis drei Prozentpunkte über den deutschen Finanzierungskosten liegt. Überschlägig gerechnet hat Deutschland aus diesen Krediten bisher einen Zinsgewinn von über zwei Milliarden Euro einstreichen können.

Aus Fehlern lernen: Der griechische Schuldenschnitt

Bisher haben die deutschen Steuerzahler in der Euro-Krise nur einen empfindlichen Verlust hinnehmen müssen. Und der hatte nichts mit dem staatlichen Haftungsrahmen zu tun. Der griechische Schuldenschnitt Mitte 2011 war nicht nur riskant, da Europa es versäumt hatte, Italien und Spanien gegen Ansteckungsgefahren abzusichern. Er war auch teuer. Und das, obwohl weder die offiziellen Hilfskredite an Griechenland noch die griechischen

Staatsanleihen im Besitz der Europäischen Zentralbank davon betroffen wurden.

Auf deutscher Seite waren an der »freiwilligen Beteiligung des Privatsektors« vor allem die Staatsbanken Hypo Real Estate und WestLB beziehungsweise deren staatliche Abwicklungsgesellschaften beteiligt. Rechnen wir zum Abschreibungsbedarf bei der Hypo Real Estate von 8,9 Milliarden Euro noch die Verluste der WestLB (0,9 Milliarden Euro) sowie die Abschreibungen einiger anderer Landesbanken und einen Anteil des Verlustes der teilstaatlichen Commerzbank (insgesamt 2,3 Milliarden Euro) hinzu, so ergeben sich direkte Kosten für den deutschen Steuerzahler von rund 12 Milliarden Euro. Zudem haben die Verluste anderer deutscher Banken und Versicherungen deren steuerpflichtigen Gewinn geschmälert. Insgesamt könnte der griechische Schuldenschnitt die deutschen Steuerzahler um geschätzte 14 Milliarden Euro belastet haben.

Auch Griechenland selbst hat der Schuldenschnitt nur halb entlastet. In einem ersten Schritt verminderte er zwar den Nennwert der ausstehenden griechischen Staatsschulden um 107 Milliarden Euro. Aber wie überall sonst in der entwickelten Welt halten auch griechische Banken und Versicherungen einen erheblichen Teil ihres Vermögens in Staatsanleihen des eigenen Landes. Mit dem Schuldenschnitt verloren die griechischen Banken über 35 Milliarden Euro.

Um sie über Wasser zu halten, mussten die Banken deshalb mit einer Kapitalspritze in Höhe von über 40 Milliarden Euro aus dem europäischen Rettungsfonds rekapitalisiert werden. Dieser Kredit und einige weitere Mittel, um griechische Rentenversicherungen zu entschädigen, die sonst ihren Verpflichtungen nicht nachkommen könnten, haben die griechischen Verbindlichkeiten gegenüber dem Rettungsfonds und damit die griechischen Staatsschulden gleich wieder um weit über 40 Milliarden Euro erhöht.

Zum Glück ist Griechenland ein Sonderfall. Nirgendwo sonst in der Euro-Zone ist die Ausgangslage auch nur annähernd so schlecht wie in Athen. Dazu kommt, dass im griechischen Fall die mangelnde Erfahrung Europas im Umgang mit solchen Problemen das Vorgehen erschwert hat.

Aus dem Fiasko des griechischen Schuldenschnitts können wir vor allem zwei Lehren ziehen:

- Erstens sind die Wirtschaften Europas eng miteinander verflochten. Wenn wir Entscheidungen treffen, die ein Partnerland betreffen, müssen wir uns darüber klar sein, dass diese Entscheidungen auch uns berühren. Dies gilt völlig unabhängig vom offiziellen Haftungsrahmen.
- Zweitens kommt es weit mehr auf die Ansteckungsgefahren als auf die direkten Kosten an.

Exkurs Target2: Ein genauerer Blick

In den Salden des Target2-Verrechnungssystems können durchaus potenzielle Probleme schlummern. Aber um abzuschätzen, welche Gefahren uns unter welchen Umständen tatsächlich drohen können, müssen wir zunächst die Natur der Sache verstehen.

Die Zahlungssysteme innerhalb der Euro-Zone drücken zunächst einmal den großen Fortschritt aus, den uns der Übergang zu einer europäischen Gemeinschaftswährung gebracht hat. Vor dem Euro war es nicht einfach, Geld von einem Land in ein anderes zu überweisen, um beispielsweise eine Rechnung in Italien zu bezahlen. Schließlich musste das Geld dem Empfänger in seiner Heimatwährung gutgeschrieben werden. Um den Betrag von D-Mark in Lire zu tauschen, musste es am Devisenmarkt jemanden geben, der die entsprechende Menge Lire abgeben und D-Mark erwerben wollte. Zumeist bedurfte es eines schwankenden Wechselkurses, um jederzeit für einen Ausgleich der Zahlungsströme zu sorgen. Das hat zwar funktioniert, war aber störanfällig, zeitraubend und gerade für kleinere Sparer recht teuer.

Dank des Euro können alle grenzüberschreitenden Zahlungen innerhalb des Euro-Raumes in etwa so leicht und günstig abgewickelt werden wie innerhalb eines Landes. Wo dies noch nicht der Fall ist, sorgt der Druck aus der Europäischen Kommission in Brüssel und der Europäischen Zentralbank in Frankfurt dafür, dass die Banken ihre Gebühren für solche Zahlungen immer mehr an ihre Inlandsgebühren anpassen müssen. Ein Währungstausch ist nicht mehr nötig.

Jeden Tag gibt es zig Millionen einzelne Zahlungen zwischen Kunden verschiedener Banken im Euro-Raum. Um Liquidität zu sparen, versuchen die Banken, diese Zahlungsströme miteinander zu verrechnen. Überweisen Kunden der Bank A insgesamt 11 000 Euro an Kunden der Bank B, während es umgekehrt nur 9000 Euro sind, fließen netto 2000 Euro von Bank A an Bank B. Dadurch müssen die Banken nicht die vollen Beträge auf ihren Verrechnungskonten bereithalten, sondern nur die Nettobeträge. Allerdings kommen eingehende und ausgehende Zahlungen zumeist nicht gleichzeitig an, so dass die Banken die Verrechnung nur in regelmäßigen Abständen durchführen, etwa jede Stunde oder jeden Tag einmal.

Für besonders große und wichtige Zahlungen gelten solche Verzögerungen jedoch als zu gefährlich. Hier werden sogenannte »Echtzeitsysteme« benötigt, die die Beträge sofort brutto überweisen können. Da die Banken für solche Systeme teilweise enorme Summen auf ihren Verrechnungskonten benötigen, werden sie in der Regel über die Zentralbank zur Verfügung gestellt, die den Banken gegen entsprechende Kreditsicherheiten Liquidität einräumt. In Europa hört dieses Echtzeit-Zahlungssystem auf den Namen Target2, was für Trans-European Automated Real-time Gross Settlement Express Transfer System 2 steht.[13]

Die Konten der teilnehmenden Banken werden nicht zentral bei der EZB in Frankfurt, sondern bei den jeweiligen nationalen Zentralbanken geführt. Spanische Banken haben also ihr Konto bei der Banco de España in Madrid, deutsche Banken bei der Bundesbank. Daraus ergeben sich bei den nationalen Zentralbanken ihre sogenannten Target2-Salden gegenüber dem Euro-System insgesamt.

Um ihre täglichen Zahlungen in Target2 abzuwickeln, leihen sich die Banken von der jeweiligen nationalen Zentralbank gegen Sicherheiten Geld, das ihren Target2-Konten gutgeschrieben wird. Für diesen Kredit zahlen die Geschäftsbanken Zinsen an die Zentralbank, in der Regel den Leitzins. Wenn nun eine spanische Bank Geld, das sie sich von der Banco de España geliehen hat, für einen Kunden an eine deutsche Bank überweist, steigt deren Kontostand bei der Bundesbank. Wenn nichts weiter passiert, muss sich die deutsche Bank dadurch für ihre eigenen Zahlungen weniger Geld von der Bundesbank leihen. Der überwiesene Betrag erhöht also die Zinseinkünfte der Banco de España und reduziert die Zinseinkünfte der Bundesbank. Um Ausgleich zu schaffen, werden am Ende des Geschäftstages alle Zahlungen von einer nationalen in eine andere nationale Target2-Komponente zusammenaddiert und mit den Gegenflüssen verrechnet. Die Nettoflüsse werden in fiktive verzinste Kredite zwischen den Notenbanken umgewandelt. Dadurch entstehen für jede der 17 nationalen Zentralbanken am Ende des Tages 16 bilaterale Kreditbeziehungen, die positiv oder negativ sein können. Am Ende des Prozesses, in dem die EZB dann diese Positionen saldiert, hat jede Zentralbank eine Kredit- oder Guthabenposition bei der EZB, die die Summe aller Kreditbeziehungen mit den anderen nationalen Zentralbanken darstellt.

Viele Zahlungen, die Banken im Target2-System miteinander verrechnen, mögen durch Kundentransaktionen begründet sein. Die vom Betrag her größten Zahlungen sind jedoch die reinen

Interbankzahlungen, das heißt vor allem Kredite zwischen Banken. Diese refinanzieren ihre Kredite über Kundeneinlagen und Mittel von anderen Banken. Die Mittel von den anderen Banken erhalten sie über TARGET2. Von der EZB brauchen die Banken in normalen Zeiten zwar möglicherweise viel Geld, um ihre Transaktionen während des Tages sofort ausführen zu können. Am Ende des Tages gleichen sich diese Transaktionen aber weitgehend aus. In normalen Zeiten brauchten die Banken langfristig nur deswegen Geld, weil die EZB durch die Mindestreservequote die Liquidität des gesamten Bankensystems so verknappt, dass sich die Banken insgesamt genau diesen Betrag von der EZB leihen müssen. Falls sich Banken zu viel oder zu wenig Geld leihen, gleichen sie das untereinander wieder aus.

Im Normalfall gleichen sich die grenzüberschreitenden Zahlungsströme innerhalb der Euro-Zone in etwa aus. Bis 2007 gab es kaum nachhaltige Ungleichgewichte. Im Handel mit Gütern und Dienstleistungen erwirtschaftete Deutschland gegenüber der Euro-Zone zwar wachsende Überschüsse. Seine Unternehmen empfingen netto also Zahlungen für gelieferte Waren. Allerdings floss gleichzeitig eine ähnliche Kapitalsumme aus Deutschland in die Euro-Partnerländer ab, beispielsweise für den Erwerb von Ferienhäusern in Spanien oder für französische Aktien. Während Spanien auf dem Höhepunkt seiner Immobilienblase 2007 einen massiven Fehlbetrag in seiner Leistungsbilanz aufwies, hatte es gleichzeitig einen leicht positiven Saldo im Target2-Verrechnungssystem. Die Target2-Salden sind also keinerlei Abbild realwirtschaftlicher Ungleichgewichte.

Nach dem Welt-Finanzinfarkt vom September 2008 geriet allerdings auch der normale Zahlungsverkehr zwischen Banken in Europa ins Stocken. Angesichts des grassierenden Misstrauens zwischen Banken und der wiederkehrenden Frage, welches Institut als nächstes in Konkurs gehen könnte, waren viele Banken weitgehend vom Kapitalmarkt abgeschnitten. Auch einige deutsche Banken mussten sich immer mehr direkt über die Zentralbank refinanzieren.

Mit dem Ausbruch der griechischen Krise Ende 2009 kam ein weiteres Element dazu. Nicht nur Banken, sondern auch ganze Länder gerieten in Verdacht, sie könnten dereinst ihre Verbindlichkeiten nicht voll erfüllen. Die seit der Lehman-Pleite hypernervösen Auslandsanleger zogen sich zuerst aus Griechenland und dann aus Irland und Portugal zurück. Da diesem Verkauf von Vermögenswerten kein Zahlungsstrom in die Gegenrichtung entsprach, rutschten die Target2-Salden dieser drei Länder immer mehr in die Miesen. Die Flucht der Anleger in den vermeintlich sicheren Hafen deutscher Bundesanleihen, der unserem Staat und unseren Häuslebauern unglaublich günstige Finanzierungskosten beschert, drückt sich in einem entsprechenden Target2-Positivsaldo der Deutschen Bundesbank gegenüber dem Euro-System aus. Dabei beruhen die Target2-Ungleichgewichte genau genommen vor allem auf einer Störung des Marktes für Kredite zwischen Banken. Während Auslandsbanken gerne Kredite an deutsche Banken vergeben, können Banken in den Randländern der Währungsunion sich auf diesem Markt kaum noch finanzieren. De facto springt das Euro-System in die Bresche, indem es – vereinfacht gesprochen – die Interbankenkredite von Kerneuropa an Randeuropa über seine eigenen Bücher vermittelt.

Nach dem Beschluss eines EU-Gipfels im Juli 2011 für einen griechischen Schuldenschnitt setzte nicht nur eine Flucht vieler Auslandsanleger aus italienischen und spanischen Anleihen und Aktien ein. Auch Banken dieser Länder verloren den Zugang zum normalen Markt für Kredite zwischen Banken. Seitdem rutschen die Target2-Salden dieser beiden großen Länder immer weiter in die roten Zahlen. Im Gegenzug strebt der deutsche Positivsaldo seitdem immer neuen Höhen zu.

Die zunehmenden Target2-Salden spiegeln letztlich eine Vertrauenskrise wider: Auch bei gedrückten Kursen verabschieden sich ausländische Anleger aus den Randländern und steigen selbst bei absurd niedrigen Renditen weiter in deutsche Bundesanleihen ein. Der Interbankenmarkt in der Euro-Zone ist so gestört, dass das Euro-System der Zentralbanken mit seinem Target2-Verrechnungssystem die Lücke im Geldkreislauf schließen muss, bis die Vertrauenskrise abebbt.

Kapitel XIV: Schlendrian – Setzt Europa falsche Anreize?

Die Fakten widerlegen den bösen Verdacht

Der nicht nur in Deutschland immer wieder gern geäußerte Verdacht, die Südländer der Währungsunion würden auf Kosten der nordeuropäischen Steuerzahler heute in Saus und Braus leben, entbehrt jeder Grundlage. Der mit Abstand größte Teil der Hilfskredite, die tatsächlich ausgezahlt werden, dient nur dazu, fällig werdende Staatsschulden der Länder zu bedienen, die ihren Zugang zum Kapitalmarkt verloren haben. Das Geld landet also bei den Eigentümern der Staatsanleihen dieser Länder, zu denen traditionell auch deutsche und österreichische Lebens- und Rentenversicherungen gehören. Sie bekommen ihren Einsatz mit den vertragsmäßig vereinbarten Zinsen zurück. Ein kleiner Teil von etwa 20 Prozent der Hilfskredite fließt zwar in den laufenden Staatshaushalt, dient dort aber nicht dazu, ein lockeres Leben der Beamten, Angestellten oder anderer Bürger zu finanzieren. Nein. Die von Europa gesetzten Bedingungen sorgen dafür, dass die Länder tatsächlich harte Sparmaßnahmen umsetzen.

In der Grafik 6 vergleichen wir die jährliche Sparleistung verschiedener Länder in ihrem Reformprozess. Auch Deutschland musste, nachdem es in den Jahren 2002 und 2003 den Stabilitätspakt gebrochen und anschließend die Agenda-2010-Reformen eingeleitet hatte, über Jahre hin seinen Staatshaushalt straffen. Der Erfolg blieb nicht aus: Im Jahr 2007 war das deutsche Defizit endlich verschwunden. Pro Jahr beliefen sich die zusätzlichen Einschnitte in die Staatsausgaben und die höheren Steuern auf durchschnittlich 0,6 Prozent der jährlichen Wirtschaftsleistung. Lautstarke Proteste gegen solch harte Lasten blieben auch hier nicht aus.

Noch weit entschlossener als Deutschland damals gehen die Randländer der Euro-Zone heute gegen ihre Haushaltsprobleme vor. Nach Angaben der OECD hat Griechenland in den drei Jahren seit Beginn der Krise 2010 pro Jahr in einem Umfang die Staatsausgaben zusammengestrichen und die Steuern erhöht, der 4,5 Prozent der jährlichen Wirtschaftsleistung ausmacht. Seit 2010 mutet Griechenland sich jedes Jahr mehr Schmerzen zu als Deutschland in seiner gesamten Reformzeit von 2003 bis 2007. Dies sind harte Zahlen, keine weichen Absichtserklärungen. Man kann den Griechen einiges vorwerfen, beispielsweise ein ungenügendes Tempo beim Abbau überflüssiger Bürokratie. Aber dass sie von Staats wegen nicht sparen würden, müssen sie sich nicht nachsagen lassen. Ein Teil der griechischen Tragödie ist es ja gerade, dass angesichts der niedrigeren Staatsausgaben und der höheren Steuern die Bürger nur noch so wenig Geld ausgeben können, dass die Binnenwirtschaft mangels Nachfrage immer weiter einknickt. Was nützt es, die Mehrwertsteuer um 5 Prozentpunkte anzuheben, wenn gleichzeitig die Umsätze im Einzelhandel um mehr als 20 Prozent einbrechen? Dann legen trotz weit höherer Steuersätze die Steuereinnahmen nicht zu.

Während der Anpassungsrezession werden die Erfolge der Sparpolitik nur ansatzweise im laufenden Haushalt sichtbar. Den vollen Erfolg der Sparpolitik können wir erst beim erneuten Anspringen der Konjunktur nach der Anpassungskrise erkennen. Hinweise, das griechische oder spanische Haushaltsdefizit sei 2011 kaum zurückgegangen, gehen deshalb am Thema vorbei.

Natürlich wäre die griechische Finanzlage besser, wenn alle fälligen Steuern tatsächlich auch gezahlt würden. Die unzureichende Qualität der griechischen Verwaltung gehört zu den großen Problemen des Landes. Dennoch sollten Deutschland und andere Länder Nordeuropas sich davor hüten, hier allzu gebetsmühlenartig auf vorgeblich unüberbrückbare Mentalitätsunterschiede zu verweisen. Die leidige Diskussion um CDs aus der Schweiz mit den Daten deutscher Steuersünder sollte vielleicht auch Nordeuropa davon abhalten, sich hier auf ein allzu hohes moralisches Ross zu setzen.

Die Grafik zeigt auch, welche Sparmaßnahmen Irland und Portugal sich seit dem Beginn ihrer Reformprozesse zumuten. Italien und Spanien sind erst 2012 in die akute Krise gerutscht. In dem Versuch, das Vertrauen der Märkte nicht gänzlich zu verlieren, haben auch sie sich im Jahr 2012 einer harten Kurskorrektur ihrer Staatsfinanzen unterworfen.

Grafik 6: Sparmaßnahmen in Prozent der Wirtschaftsleistung pro Jahr

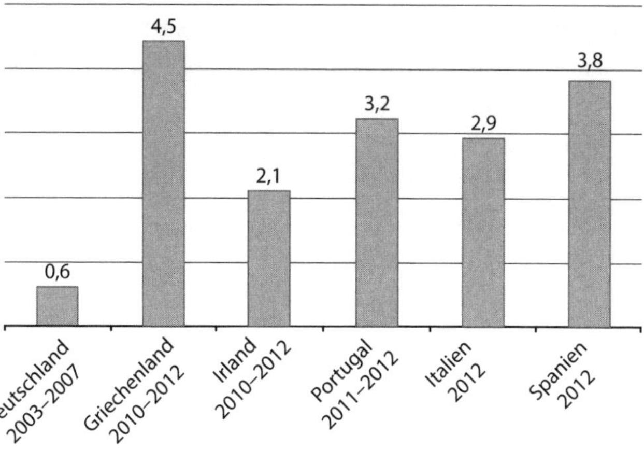

Durchschnittliche Änderung des um Konjunktur- und Sondereffekte bereinigten Primärsaldos im gesamtstaatlichen Haushalt pro Jahr, jeweils während oder seit Beginn des Sparkurses.

Quelle: OECD Economic Outlook, Mai 2012; EU-Kommission

Bei allen vorhandenen Unterschieden in der Mentalität, die sicherlich auch im Wirtschaftsleben eine Rolle spielen, ist die Ansicht, manche Länder der Euro-Zone seien einfach nicht in der Lage, so zu wirtschaften, dass sie mit Deutschland erfolgreich eine Währung teilen können, nicht zu halten. Die deutschen Mentalitäten haben sich wohl innerhalb der letzten zehn Jahre nur wenig verändert. Dennoch war Deutschland in dieser Zeit zunächst der wirtschaftlich kranke Mann Europas, bevor es sich schließlich durch eigene Reformen sanieren konnte.

Auf die Reformen und Rahmenbedingungen kommt es an, nicht auf die Mentalitäten. Im Schifffahrtswesen stehen griechische Reeder bis heute an der Weltspitze. Der Grund liegt darin, dass Griechenland diesem wenig standortgebundenen Bereich günstige Bedingungen bietet: kaum Steuern für die Unternehmen, angemessene Regulierungen für den Sektor insgesamt. Jüngst hat uns ein junger norddeutscher Reeder erläutert, dass ihn das Geschäftsgebaren vieler griechischer Wettbewerber sehr an die guten Ratschläge erinnere, die ihm seine Eltern bei seiner Übernahme der Familienfirma mit auf den Weg gegeben hätten.

Auch wenn sich das Beispiel nicht auf die ganze Wirtschaft des Landes übertragen lässt, zeigen die griechischen Reeder doch, dass Unternehmen im eigenen Lande gedeihen und Arbeit schaffen können, wenn der Staat sie nur lässt. Um aufblühen zu können, braucht Griechenland einen Abbau seiner Bürokratie, aber keine wie auch immer geartete nordeuropäische Mentalität.

Schlendrian auf deutsche Kosten?

Eng verwandt mit dem Verdacht, Hilfskredite würden einfach verschwendet, ist die Furcht, dass Hilfsangebote falsche Anreize setzen können. Wer sich darauf verlassen kann, dass andere ihm im Ernstfall ohnehin unter die Arme greifen, neigt umso mehr zum Schlendrian, so das Argument.

Diesen Einwand müssen wir sehr ernst nehmen. Vor Fehlanreizen, dem sogenannten »moral hazard«, zu warnen gehört zu den Aufgaben der Ökonomen. Zu oft hat sich herausgestellt, dass gut gemeinte Hilfe, beispielsweise die lange Bezugsdauer eines großzügigen Arbeitslosengeldes, Menschen dazu verleitet hat, nicht mit voller Kraft einen neuen Arbeitsplatz zu suchen.

Wirtschaftspolitik dürfen wir nie an guten Absichten messen. Stattdessen müssen wir fragen, ob sie die richtigen Anreize setzt. Dazu gehört ein Gleichklang zwischen Haftung und Verantwortung. Für Hilfskredite heißt dies, dass sie so an Bedingungen und Kontrollen geknüpft werden müssen, dass Reformen ermuntert werden und Schlendrian verhindert wird.

Ob dies bei den Hilfskrediten auf Gegenseitigkeit in der Euro-Zone der Fall ist oder ob die Skeptiker recht haben, die vor Fehlanreizen warnen, können wir nicht am grünen Tisch klären. Auf die Tatsachen kommt es an – und die sprechen unverändert auch hier eine klare Sprache. In all diesen Ländern werden die Staatsausgaben wesentlich aggressiver zusammengestrichen und die Steuern stärker erhöht, als dies in Deutschland in den eigenen bitteren Jahren von 2003 bis 2006 der Fall war. Zudem gehören sie zu den Spitzenreitern bei Wirtschaftsreformen und bei Anpassungsfortschritten im Staatshaushalt und ihrer Außenwirtschaft.

Auch ein Blick auf den zeitlichen Ablauf zeigt, dass keine Rede davon sein kann, dass Länder nach Hilfe streben, um sich dann mit diesen Krediten ein laues Leben zu gönnen. Das Gegenteil ist der Fall. Die Bedingungen, mit denen Europa seine Hilfsangebote versehen hat, werden eher als abschreckend empfunden.

1. Alle Länder, die bisher unter den Rettungsschirm schlüpfen mussten, haben sich lange gesträubt, Hilfe überhaupt zu beantragen. Mit Ausnahme des kleinen Zyperns mussten alle von Europa lange gedrängt werden, endlich den Antrag einzureichen, siehe etwa Spanien, das im Juni 2012 den Antrag auf europäische Hilfe zum Stützen seiner Banken erst auf massiven deutschen Druck gestellt hat. Berlin wollte dafür sorgen, dass bei dem damals drohenden Rausschmiss Griechenlands nach einem möglichen Sieg der Reformgegner bei der griechischen Wiederholungswahl im Juni 2012 Spaniens Banken sofort aufgefangen werden könnten.
2. In allen Empfängerländern zeigen die Daten bisher ein massives Straffen der Haushaltspolitik, das bereits vor dem Antrag auf Hilfe einsetzte. Die Länder haben sich alle bemüht, mit Reformen und Sparmaßnahmen in eigener Regie den hochnotpeinlichen Hilfsantrag doch noch zu vermeiden. So haben beispielsweise Italien und Spanien bereits Ende 2011 ihre Staatshaushalte nachhaltig gestrafft und eine klare Reformpolitik eingeleitet, obwohl selbst Spanien zu dem Zeitpunkt noch hoffte, sich und seine notleidenden Banken aus eigener Kraft finanzieren zu können.
3. Nach jedem Antrag eines Landes auf Hilfe können wir beobachten, dass die anderen potenziellen Wackelkandidaten sich umso mehr bemühen, durch eigene Fiskaleinschnitte und Strukturreformen dem Schicksal zu entgehen, selbst Hilfe beantragen zu müssen. Kein Land hat sich bisher gerne der Gefahr ausgesetzt, dem Prüf- und Überwachungsdienst aus Europäischer Kommission, Europäischer Zentralbank und Internationalem Währungsfonds regelmäßig Rede und Antwort stehen zu müssen.

Die Fakten in der Währungsunion zeigen bisher keinen »moral hazard« an. Stattdessen bestärken sie unsere bereits eingangs erläuterte Aussage: Der Euro sowie die Stützmechanismen, die Europa seit Anfang 2010 unter dem Druck der Krise entwickelt hat, erweisen sich insgesamt als Reformpeitsche. Wobei auch hier gilt: Ausnahmen bestätigen die Regel. Unmittelbar nachdem die EZB Anfang August 2011 begonnen hatte, inmitten heftiger Marktturbulenzen auch italienische Staatsanleihen zu kaufen, dachte der damalige italienische Ministerpräsident öffentlich darüber nach, ob er unter diesen Umständen die Steuern vielleicht doch nicht in dem der EZB zuvor angekündigten Maß erhöhen müsse. Schon 13 Wochen später hatte Silvio Berlusconi sein Amt verloren. Und seine letzten 13 Wochen im Amt musste er vor allem damit zubringen, viele seiner ursprünglich gemachten Zusagen umzusetzen und die Sparpolitik dabei sogar noch etwas zu verschärfen. Gemeinsam mit den unruhigen Finanzmärkten hatten Bundeskanzlerin Angela Merkel sowie Jean-Claude Trichet und Mario Draghi von der Europäischen Zentralbank Mittel und Wege gefunden, selbst diesen Filou dazu zu bringen, sein Wort zu halten.

Berlusconi erst zurück auf den Pfad der Tugend und dann aufs (vorläufige) Altenteil abgeschoben zu haben gehört wohl zu den bemerkenswertesten Leistungen, die die Euro-Rettungspolitik bisher für sich verbuchen konnte. Davon, dass diese Mechanismen falsche Anreize setzen oder sogar ein Leben in Saus und Braus auf Kosten anderer ermöglichen würden, ist nichts zu spüren. Probleme mit Fehlanreizen lassen sich da schon eher in Deutschland erkennen, wo sich Ministerpräsidenten chronisch finanzschwacher Bundesländer lange im Amt halten können.

Wer soll Bedingungen durchsetzen und kontrollieren?

So wichtig und hilfreich Regeln sind, so unverzichtbar bleibt die Kontrolle, ob sie auch eingehalten werden. Für diese Aufgabe ist bisher das Dreigestirn aus Europäischer Kommission, Europäischer Zentralbank und Internationalem Währungsfonds zuständig, das in den einzelnen Ländern überprüft, ob diese die ihnen gesetzten Bedingungen erfüllen. Die Finanzminister der Euro-Länder fällen dann auf der Grundlage der Troika-Berichte ein politisches Urteil.

Darüber hinaus entscheidet die Europäische Zentralbank in eigener Verantwortung, ob sie begleitend tätig werden will. Sie prüft, ob die Turbulenzen, die eingegrenzt werden sollen, die Wirksamkeit der Geldpolitik in einem Maße beeinträchtigen, dass auch der Einsatz geldpolitischer Instrumente geboten ist. Dabei hat sie sich völlig zu Recht selbst die Disziplin auferlegt, nur an den Märkten jener Länder einzugreifen, denen zunächst der entsprechende europäische Rettungsfonds die Solvenz bestätigt und deshalb die Hilfe gewährt hat.

Dieser Ansatz ist aus der Krise geboren. Er ist wirksam und insgesamt erfolgreich. Viele Elemente sind zukunftsfest. Das gilt gerade auch für das Vetorecht eines großen Geberlandes wie Deutschland über jeden Einsatz des europäischen Rettungsnetzes.

Unser Vorschlag: Ein unabhängiger Fiskalrat

Natürlich lässt sich dieser Ansatz auf Dauer noch verbessern. Deshalb haben wir im Herbst 2011 ein eigenes Modell vorgeschlagen. Die Euro-Zone sollte als ein Kernstück ihrer angestrebten »Fiskalunion« einen unabhängigen Fiskalrat aus ausgewiesenen Experten ernennen, vergleichbar dem Rat der unabhängigen

Europäischen Zentralbank. Die einzige Aufgabe dieses Fiskalrates sollte es sein, allen Mitgliedsländern der Euro-Zone regelmäßig ein Gütesiegel zu verleihen oder zu verweigern. Das Gütesiegel erhalten Staaten dann und nur dann, wenn

- ihre Haushaltspolitik geeignet ist, das konjunkturbereinigte Defizit in einem vorgegebenen Zeitraum auf null zu reduzieren,
- sie eine wirksame Schuldenbremse in ihrer Verfassung verankert haben,
- sie ihr Renteneintrittsalter so anheben und ihre Rentenansprüche so ausgestalten, dass das Rentensystem auf das absehbare Altern der Bevölkerung eingestellt ist,
- sie im Falle eines Hilfsprogramms die vereinbarten Wirtschaftsreformen tatsächlich umsetzen.

Der Fiskalrat würde damit Aufgaben übernehmen, die heute für die meisten Mitgliedsländer von der EU-Kommission und für die Krisenländer von der Troika wahrgenommen werden.

In den Statuten des europäischen Rettungsschirmes müsste verankert werden, dass er keinem Land beispringen darf, das nicht das Gütesiegel dieses Fiskalrates trägt. Im Einklang mit der jetzigen Praxis der EZB, nur zugunsten von Ländern einzugreifen, denen der europäische Rettungsschirm Hilfe gewährt, müssten auch die EZB und die nationalen Zentralbanken des Euro-Raumes sich dazu verpflichten, keinesfalls Anleihen jener Staaten zu kaufen, die nicht das Gütesiegel dieses Fiskalrates haben. Als Kreditsicherheiten dürfte die EZB Anleihen solcher Länder nur mit einem saftigen Abschlag akzeptieren. In gewissem Sinne wäre der Fiskalrat damit eine Art Euro-Ratingagentur.

Die Mitglieder des Fiskalrates könnte das Europäische Parlament auf Vorschlag der EZB berufen, nach Anhörung des Rates der Regierungschefs. Sie sollten ebenso unabhängig sein wie die

Mitglieder des Zentralbankrates. Nach EZB-Vorbild bietet sich eine achtjährige Amtszeit an ohne die Möglichkeit, danach erneut ernannt zu werden. So altmodisch es klingen mag: Vielleicht sollte man auch über ein gewisses Mindestalter für Kandidaten bei ihrer Berufung nachdenken, damit kein Mitglied des Rates ein übermäßiges Interesse haben kann, sich durch willfähriges Verhalten noch für spätere Ämter zu empfehlen.

Ein unabhängiger Fiskalrat hätte zwei große Vorteile. Erstens wäre sein Urteil dem politischen Geschäft entzogen. Zweitens würde er regelmäßig über jedes Land zu Gericht sitzen und nicht nur wie die jetzige Troika erst dann auf den Plan treten, wenn ein Land unter der Last seiner Sünden und in den Stürmen einer Finanzkrise bereits zusammenzubrechen droht. Das bisherige Überwachen durch die nicht ganz unabhängige EU-Kommission hat sich als nicht hinreichend effektiv erwiesen.

Dem Urteil eines solchen Fiskalrates könnte großes Gewicht zukommen. Alle Länder, die irgendeinen Grund zur Sorge haben, dass sie einst Hilfe brauchen, müssten sich frühzeitig darum bemühen, das Gütesiegel des Fiskalrates zu erhalten. Auch in den Ländern, die sich für so stark halten, dass sie meinen, ihnen könne das nie passieren, dürfte das Urteil des Rates die öffentliche Diskussion prägen. Im Nachgang der aktuellen Finanzkrise dürften gerade auch die Sparer und Anleger der Welt auf das Urteil des Rates und seine Antwort auf die Frage, ob es für ein Land notfalls ein Sicherheitsnetz gibt, sehr sensibel reagieren. Lange bevor ein Land in eine neue Finanzkrise abgerutscht ist, könnten zunehmend Risikoaufschläge an den Märkten es zwingen, seinen Kurs zu ändern. Der Fiskalrat könnte mit seinem Urteil die Wachhunde des Marktes (in den USA: »fiscal vigilantes«) entweder loslassen oder an die Leine nehmen.

Kapitel XV: Was steht auf dem Spiel?

In den Stürmen dieser Monate stellt Europa die Weichen für seine wirtschaftliche und politische Zukunft. Der wirtschaftliche Befund ist eindeutig: Im Juli 2011 ist die gesamte Euro-Zone in eine Abwärtsspirale geraten. Dreht diese Spirale sich weiter, könnte dies erst die schwächeren Länder in Europa und dann Deutschland selbst langsam an den Rand eines deflationären Einbruchs der Wirtschaft führen. Mit ihrer Politik treten sowohl die deutsche Bundesregierung als auch die Europäische Zentralbank dieser Gefahr mittlerweile entschlossen entgegen. Aus den Augen verlieren dürfen wir das Risiko aber nicht.

So richtig gefährlich sind dabei weder einzelne Politikfehler, die es immer wieder geben wird, noch die harten Sparmaßnahmen, die zeitweilig die Konjunktur der Euro-Randländer belasten. Auch die Risiken, die sich aus dem deutschen Haftungsrahmen innerhalb der Rettungsschirme und der Bilanz der EZB ergeben, sind beherrschbar. Gefährlich wären stattdessen panikartige Kettenreaktionen, wie sie sich im Zusammenwirken verschreckter Menschen manchmal ergeben können, und unbedachte Kurzschlusshandlungen, zu denen beispielsweise ein deutscher Ausstieg aus den Euro-Rettungsschirmen oder dem Euro selbst gehören würde.

Schauen wir zunächst auf die Gefahr wirtschaftlicher Kettenreaktionen. Obwohl Italien im Jahr 2011 nur ein moderates Defizit im laufenden Staatshaushalt von 3,9 Prozent seiner Wirtschaftsleistung aufwies und nach den bis zum August vorliegenden Zahlen im Jahr 2012 etwa 3 Prozent erreichen kann, hatte das Land inmitten einer Beinahe-Panik der Anleger im Herbst

2011 und im Sommer 2012 große Mühe, seine fällig werdenden Staatsanleihen durch die Ausgabe neuer Schuldscheine zu refinanzieren. Italien hat den drittgrößten Rentenmarkt der Welt. Könnte Rom bei einem Käuferstreik der Anleger seine Anleihen nicht mehr bedienen, würde diese Pleite über eine Serie von Bankzusammenbrüchen in kurzer Zeit auch Länder wie Frankreich und Österreich in den Bankrott treiben. Wer sollte in einer derartigen Krise die französischen und österreichischen Banken stützen? Und wenn Frankreich in einer anschwellenden Massenpanik der Anleger den Zugang zum Kapitalmarkt verlöre und seine Renten und Gehälter nicht mehr in Euro auszahlen könnte, hätten wir wohl den größten Unfall, den man sich in der europäischen Integration nur vorstellen kann. Ausschließen ließe sich nicht, dass Frankreich dafür nicht nur sich selbst, sondern auch mangelnde deutsche Solidarität mit den Nachbarn und Partnern verantwortlich machen würde.

Deutschland muss all seine Hilfskredite an Bedingungen knüpfen, sie im wohlverstandenen Eigeninteresse aber auch geben, wenn die angeschlagenen Randländer sich tatsächlich reformieren. Ließe Deutschland stattdessen den Euro einfach platzen, würde es die europäische Einigung der letzten 60 Jahre aufs Spiel setzen und damit das Lebenswerk nicht nur von Konrad Adenauer und Helmut Kohl, sondern auch der Generationen, die das Land nach dem von Nazi-Deutschland verschuldeten Horror des Zweiten Weltkrieges wieder aufgebaut haben.

Wenn uns die deutsche Geschichte eines lehrt, dann Folgendes: Als großes Land der Mitte kann Deutschland niemals gegen, sondern nur gemeinsam mit seinen Nachbarn blühen. Bei der Diskussion hypothetischer Risiken sollten wir zudem nie vergessen: Die schlimmste Katastrophe seiner Geschichte hatte Deutschland nicht nach der Hyperinflation des Jahres 1923 angerichtet, sondern nach dem deflationären Kollaps seiner Wirtschaft Anfang der 1930er Jahre. Hitler konnte 1933 die Macht ergreifen, nicht 1924. Das Risiko einer großen Inflation bei uns ist heute nahe null. Die Gefahr eines deflationären Einbruchs ist vorerst ebenfalls gering. Aber bei einem Zerfall des Euro wäre sie nicht mehr zu vernachlässigen.

Gerade unter Volkswirten wird die Debatte über den Euro manchmal so geführt, als könne Deutschland einfach durch eine Rückkehr zur D-Mark reibungslos zu einem Zustand der Unschuld zurückkehren. Fast so, als wäre die Zeit vor dem Euro das Paradies auf Erden gewesen. Politisch und historisch gesehen ist das Unfug. Deutschland kann sich nicht in eine etwas aufgeblasene Ausgabe der Schweiz verwandeln. Die Helvetische Konföderation kann mit eigener Währung und eigener Politik außerhalb der europäischen Institutionen ein beschaulich-eigenbrötlerisches Leben fristen. Sie profitiert dabei auch von den Nachwirkungen ihres einst legendären Bankgeheimnisses und der außergewöhnlich aggressiv-erfolgreichen Politik ihrer Nationalbank. Deutschland ist dafür viel zu groß. Es trägt eine Verantwortung in Europa, die es nicht abschütteln kann.

Auch war die Zeit vor dem Euro nicht nur harmonisch. Zwei vergleichsweise kleine Länder, Österreich und die Niederlande, hatten ihre Währungen schon lange vor dem Euro fest an die D-Mark gekoppelt. Von solch einer D-Mark-Zone, vergrößert vielleicht um Dänemark, Finnland und die Slowakei, mögen manche Nord-Euro-Fantasten gerne träumen. In Wirklichkeit waren die 30 Jahre vor dem Euro durch häufige Währungskrisen, oftmals zwischen Deutschland und Frankreich, geprägt. Auch für Deutschland waren diese Krisen alles andere als ein Zuckerschlecken. Nach dem Schock, den ein Zerfall unseres Gemeinschaftsgeldes auslösen könnte, würden derartige Stürme vermutlich noch weit heftiger und häufiger tosen, als das vorher der Fall war. Denn die Chance, dass Deutschland und Frankreich sich dann solchen Turbulenzen gemeinsam und erfolgreich entgegenstellen würden, wäre nach einer Scheidung im bitteren Streit wohl gering.

Zudem war auch die Politik der Deutschen Bundesbank früher keineswegs von reiner Unschuld geprägt, wie das in der verklärenden Rückschau manchmal erscheinen mag. Die Inflation hatte die Bundesbank in ihren fünf Jahrzehnten nie so gut im Griff wie heute die Europäische Zentralbank (siehe Kapitel I). Sogar die Bundesbank hat in einem vermeintlichen Notfall (1975) Staatsanleihen gekauft, um die Finanzierungskosten der Bundesregierung zu senken. Ferner hat sie durchaus auf ausdrücklichen politischen Wunsch am Devisenmarkt zugunsten des französischen Franc interveniert (1993) und gleichzeitig im Interesse Frankreichs ihre Leitzinsen gesenkt. Selbst in ihren Sondermaßnahmen setzt die Europäische Zentralbank heute nur die Politik fort, die schon die Bundesbank in der Praxis immer betrieben hatte: prinzipienbewusst, aber im Ernstfall eben doch pragmatisch genug, um großen Schaden von Deutschland und Europa abzuwenden.

Vor den Kosten eines deutschen Ausstiegs aus dem Euro oder eines deutschen Versuchs, einen Nachbarn nach dem anderen aus dem Gemeinschaftsgeld zu kegeln, haben wir in Kapitel XII schon gewarnt. Aber selbst wenn Deutschland diese Kosten eingrenzen und ertragen könnte, müssten wir uns fragen, wie stabil die europäische Wirtschaft ohne die Klammer des Euro wäre. Welchen politischen Kräften würden die Turbulenzen Auftrieb geben? Würden Deutschlands Nachbarn weiterhin einen vergleichsweise freien Markt für Güter und Dienstleistungen, für Menschen und für Kapital akzeptieren, wenn Deutschland einen für seine Nachbarn wesentlichen Eckstein des europäischen Gebäudes, den Euro, einfach herausbräche? Sind in einem Klima der, sagen wir einmal, abgeschwächten Zusammenarbeit innerhalb Europas wieder Handelskriege denkbar? Unter solchen Konflikten würden alle leiden, aber gerade auch die so welt- und europaoffene deutsche Wirtschaft.

Europa hat Besseres verdient. Dank der alles in allem klugen Krisenpolitik gerade der deutschen Bundesregierung und der Europäischen Zentralbank ist die Euro-Zone auf einem zwar beschwerlichen, aber doch richtigen und vielversprechenden Weg. Wir müssen auf die Risiken eindringlich hinweisen. Aber wir sehen keinen echten Grund zur Sorge, dass unsere verantwortlichen Politiker das Eintreten solcher Risiken wirklich zulassen könnten.

Kapitel XVI: Die Chance der Krise

Eine einmalige Chance

Die Euro-Krise ist nicht nur eine Gefahr. Sie birgt vor allem eine einmalige Chance. Denn ebenso wie einzelne Menschen raffen sich auch Gemeinwesen zumeist nur unter dem Zwang einer Krise dazu auf, ihre schlechten Gewohnheiten zu ändern. In der Krise sind tiefgreifende Reformen möglich geworden, die früher undenkbar schienen. Wenn wir die Weichen richtig stellen, können wir Europa jetzt den Stempel einer freiheitlichen Stabilitätskultur aufdrücken. Wenn wir die schmerzhaft-notwendige Operation nicht mittendrin abbrechen, kann die Euro-Zone insgesamt zu einem weit dynamischeren Wirtschaftsraum werden.

Seit dem Beginn der Turbulenzen erleben wir in den Randländern unseres gemeinsamen Währungsraumes eine Reformwelle, wie es sie selten gegeben hat. Von Griechenland über Portugal bis Italien wird das Renteneintrittsalter angehoben, Spanien baut endlich die Hürden ab, die seinen jungen Menschen den Zugang zum Arbeitsmarkt verwehren. Irland bereinigt sein Bankwesen. Italien hat sich unter der Regierung Monti ein vielschichtiges Sanierungsprogramm verordnet. In diesem Buch haben wir viele Zahlen und Beispiele präsentiert, die den Fortschritt in der Euro-Zone belegen.

Wenn wir die heutige Krise heil überstehen, kann sich bald eine grundreformierte Peripherie zu einem Deutschland gesellen, das seit seinen eigenen Reformen bereits erheblich an Dynamik gewonnen hat. Während die privaten und öffentlichen Haushalte in den USA und Großbritannien noch für viele Jahre die Gürtel enger schnallen müssen, hat die Euro-Zone auf diesem Weg bereits erhebliche Fortschritte gemacht. Da zudem die Schuldenlast in der Euro-Zone insgesamt weniger drückend ist als in den angelsächsischen Ländern, kann die Euro-Zone ihre Probleme verhältnismäßig schnell bewältigen. Bereits jetzt sehen wir, dass mit einer recht robusten Binnennachfrage in Deutschland und einer aufblühenden Ausfuhr in den Randstaaten, die ihren Inlandsverbrauch einschränken müssen, die Euro-Zone insgesamt auf dem Weg zu einem neuen Gleichgewicht ist.

Reformen brauchen allerdings Zeit. In Deutschland dauerte es gut zwei Jahre, bis die Reformen der Jahre 2003 bis 2005 im Laufe des Jahres 2006 am Arbeitsmarkt sichtbar wurden. Wenn nun Deutschland den anderen Ländern der Euro-Zone über ihre schwere Anpassungskrise hinweghilft, wird auch die deutsche Wirtschaft in wenigen Jahren davon profitieren können, dass die Nachbarn an Wirtschaftskraft gewonnen haben.

Zudem verpassen wir den Ländern der Euro-Zone unter dem Druck der Krise gerade ein wesentlich strikteres Fiskalkorsett. Damit dürfte es Europa gelingen, künftig Staatsschulden wesentlich besser einzugrenzen als zuvor. Und über den genauen Wortlaut der neuen Fiskalregeln in der Währungsunion hinaus könnte die aktuelle Krise durchaus auch als heilsamer Schock wirken. Schlendrian wird sich ohne striktere Kontrolle wohl nie ganz vermeiden lassen. Aber der Schreck über die Härten der Krise könnte doch in einigen Ländern den Wählern und Regierungen so in die Knochen gefahren sein, dass sie sich künftig bereits von sich aus beim Schuldenmachen zurückhalten werden.

Vier Bausteine für ein besseres Europa

In den letzten vier Jahren haben wir unter Schmerzen lernen müssen, dass wir Ansteckungsgefahren ernst nehmen müssen.

Um zu verhindern, dass es zu Kettenreaktionen kommt, Turbulenzen von einem auf ein anderes Land überspringen, braucht die Währungsunion klare Regeln, noch bessere Kontrollen und ein Sicherheitsnetz, um sich notfalls gegen Turbulenzen auf den nicht immer vernünftigen Finanzmärkten abzuschirmen. Um die richtigen Anreize zu setzen, müssen zudem diejenigen, die das Sicherheitsnetz spannen, auch darüber bestimmen können, ob und wie es eingesetzt wird, damit es von niemandem in eine Hängematte für einen allzu bequemen Alltag verwandelt werden kann.

Baustein 1: Schuldenbremse

Die wichtigste Regel, die Deutschland und Europa braucht, ist ein weitgehendes Verbot neuer Staatsschulden. Mit der deutschen Schuldenbremse und dem neuen europäischen Fiskalpakt haben wir genau dies jetzt doppelt verankert. Die nationale Schuldenbremse sieht ausgeglichene Staatshaushalte für die Länder und eine Höchstgrenze für das Defizit des Bundes von 0,35 Prozent der Wirtschaftsleistung vor. Der Fiskalpakt verankert zudem eine Obergrenze für neue Staatsschulden von 0,5 Prozent der Wirtschaftsleistung für 25 europäische Länder. Dies ist ein Riesenfortschritt. Die Regel kommt einem Verbot der Neuverschuldung sehr nahe.

Natürlich werden im wahren Leben nicht alle Regeln immer voll eingehalten. Die deutsche Subventionitis, gegen die gerade auch die EU-Kommission in Brüssel immer wieder vorgeht, ist nur eines von vielen Beispielen dafür. Dass große Fortschritte oftmals mit kleinen Sünden garniert werden, ist leider auch eine sehr deutsche Erfahrung. Konrad Adenauer und Ludwig Erhard wäre das nicht fremd gewesen. Mit ihrer liberalen Wirtschaftspolitik haben sie ab 1948 die Grundlage für das deutsche Wirtschaftswunder der Jahre 1948 bis 1973 gelegt. Aber auch sie sind aus politischer Bequemlichkeit heraus durchaus mal vom Pfad der Tugend abgewichen, beispielsweise mit der teuren Rentenreform des Jahres 1957, mit der sie erhebliche Lasten auf künftige Generationen verschoben.

Baustein 2: Bessere Kontrollen

Auch künftig wird in der Währungsunion immer wieder gesündigt werden. Aber mit den Mechanismen, die wir schon haben, und den Regeln, die wir jetzt härten, werden es vermutlich weit weniger Sünden sein als früher und weniger als andernorts. Nach den Erfahrungen der aktuellen Krise wird für lange Zeit der Druck der Märkte auf Haushaltssünder weit stärker sein, als das bisher der Fall war. Stellen wir uns einmal eine hypothetische Situation vor. Im Jahr 2015 wäre eine deutsche Bundeskanzlerin, nennen wir sie Frau M., besorgt, dass Spanien die Schranken des Fiskalpaktes brechen könnte. Sie würde zum Telefonhörer greifen und ihrem spanischen Amtskollegen, Herrn R., freundlich mitteilen, dass sie in zwei Wochen ihre Sorgen auf einer Pressekonferenz erläutern werde, wenn Spanien diese Bedenken bis dahin nicht ausgeräumt hat. Und sie würde dabei leise andeuten, dass Spanien selbstverständlich seinen Anspruch verlieren würde, notfalls vom Sicherheitsnetz aufgefangen zu werden, wenn es auf dem falschen Kurs bliebe.

Solch sanfte Hinweise könnten Wunder wirken. Da eine solche Pressekonferenz ein Beben an den spanischen Finanzmärkten auslösen könnte, würde man in Spanien alles tun, um es zu vermeiden. Denn dort und in allen anderen Randländern der Euro-Zone wird man sich noch lange daran erinnern, wie sehr das Land unter den Turbulenzen der derzeitigen Euro-Krise gelitten hat. Dem Risiko wird das Land sich auf lange Zeit wohl nicht mehr aussetzen wollen.

Auch die Gefahr, dass der von uns vorgeschlagene unabhängige Fiskalrat den Daumen über ein Land senken könnte, würde ähnlichen Druck ausüben. Die im Fiskalpakt vorgesehenen Geldbußen für notorische Haushaltssünder machen Sinn. Aber angesichts der Möglichkeit zum heilsamen Druck, den Deutschland, die EZB und ein unabhängiger Fiskalrat in der Praxis ausüben könnten, sind solche Geldbußen vermutlich nur zweitrangig.

Baustein 3: Sicherheitsnetz

Mit dem Europäischen Stabilitätsmechanismus (ESM) und der Bereitschaft der EZB, ihrer Geldpolitik notfalls auch durch den zeitweiligen Ankauf von Staatsanleihen der Reformländer die gebotene Schlagkraft zu verleihen, spannt die Euro-Zone ein Sicherheitsnetz. Ein Sicherheitsnetz dient zwei Zwecken. Es sichert diejenigen ab, die gerade einen Hochseilakt vollführen. Aber es schützt auch die unbeteiligten Menschen davor, dass ihnen die Akrobaten auf den Kopf fallen.

Ähnlich ist es mit dem europäischen Sicherheitsnetz. Es erfüllt zwei Aufgaben. Erstens können alle Länder, die ihren Staatshaushalt hinreichend straffen und ihre Wirtschaften nachweislich reformieren, sich darauf verlassen, dass sie notfalls von diesem Netz aufgefangen würden. Dieses Netz kann keine Reformen ersetzen. Aber es kann Länder ermutigen, sich auf den politisch waghalsigen Akt der Reformen einzulassen. Zweitens schützt das Netz andere Länder vor einem Absturz der Reformstaaten. Mit dem Sicherheitsnetz grenzt Europa die Gefahren ein, dass die Probleme einiger Länder die ganze Euro-Zone in einen Abgrund reißen könnten.

Baustein 4: Das deutsche Vetorecht

Gespannt wird das Sicherheitsnetz von dem europäischen Rettungsfonds ESM sowie der Europäischen Zentralbank. Der ESM kann seine Entscheidungen nur mit einer Mehrheit von 85 Prozent fällen. Da der deutsche Anteil 27,1 Prozent beträgt, hat Deutschland ein Vetorecht über jede Entscheidung, das Netz zu spannen und einzusetzen. Der Bundestag und das Bundesverfassungsgericht haben dieses Vetorecht fest verankert. Im EZB-Rat kann und wird der Präsident der Deutschen Bundesbank zwar gelegentlich überstimmt. Er ist dort nur eines von 23 Mitgliedern. Aber die EZB hat eindeutig festgelegt, dass sie nur eingreift für Länder, denen bereits der europäische Rettungsfonds unter die Arme greift und die alle vom Rettungsfonds gesetzten Bedingungen erfüllen. Damit ordnet sich die EZB einem Vetorecht des Deutschen Bundestages unter.

Natürlich gilt auch für alle Entscheidungen über den Einsatz des Sicherheitsnetzes, dass letztlich Sünder über Sünder richten müssen. Aber wie auch sonst im Leben greift der Ratschlag der Bibel: Wer sich ohne Sünde wähnt, werfe den ersten Stein. Anders als nahezu überall sonst im Leben gilt für jeden Einsatz der europäischen Rettungspolitik, dass diejenigen, die sich manchmal für die Heiligen halten mögen, sich ein Vetorecht gesichert haben.

Europa braucht eine klare Ordnung, keinen Superstaat

Die allgemeine Antwort auf die Euro-Krise lautet: mehr Europa. Die deutsche Politik baut völlig zu Recht auf dieser Erkenntnis auf. Aber was heißt »mehr Europa«? Es bedeutet vor allem eine klare Ordnung für die Währungsunion. Eine wirksame Schuldenbremse, mehr Kontrollen und ein verlässliches Sicherheitsnetz sind die Bausteine für eine dynamischere und krisenfeste Euro-Zone. Aber die Euro-Zone braucht kein Übermaß an Regulierungen. Wir müssen nicht alles vereinheitlichen und sollten uns tunlichst hüten vor jedem Schritt hin zu einem europäischen Superstaat.

Auch die angestrebte Fiskalunion sollte nicht auf einen »Euro-Finanzminister« hinauslaufen, der einen Euro-Gesamthaushalt im Europaparlament (oder einem Euro-Parlament) zur Abstimmung stellt. Wie schon die deutschen Ordoliberalen um Walter Eucken, Wilhelm Röpke und Alfred Müller-Armack vor 70 Jahren herausgearbeitet haben, liegt die Kraft eines starken Staates darin, sich auf wenige unabdingbare Regeln für das Gemeinwesen zu konzentrieren und alles andere dem eigenverantwortlichen Handeln der Bürger zu überlassen. Für die Euro-Zone bedeutet dies, dass wir als wichtigste Regel den Zwang zu nahezu ausgeglichenen Staatshaushalten durchsetzen müssen. Aber wie die Staaten innerhalb dieser Vorgabe ihre Steuern setzen und ihre Ausgaben tätigen, kann ihnen überlassen werden.

Indem die Euro-Zone sich auf klare Regeln beschränkt, kann sie auch dem Vorwurf begegnen, die europäische Politik kranke an einem Demokratiedefizit. Nein. Die wenigen klaren und einfachen Regeln, die wir zum Schutz unseres Gemeinschaftsgeldes brauchen, sind in jedem Mitgliedsland demokratisch zu legitimieren. Staaten können frei entscheiden, ob sie sich den Regeln unterwerfen möchten. Damit befinden sie auch darüber, ob sie die Bedingungen akzeptieren möchten, unter denen innerhalb der Euro-Zone notfalls auch für sie ein Sicherheitsnetz aufgespannt wird. Aber die Entscheidungen über Steuern und Staatsausgaben, über Rentensysteme und Sozialversicherungen gehören auf die nationale Ebene, nicht nach Europa.

Bei allen nationalen Entscheidungen über die eigenen Belange müssen Regierungen und Parlamente allerdings wissen, dass sie bei haushaltswirksamen Gesetzen jedes Mal auch darüber abstimmen, ob ihr Land der europäischen Schuldenbremse genügt und sich notfalls für gegenseitige Hilfen qualifizieren würde oder nicht. Europa darf die nationale Diskussion nicht ersetzen. Dabei kann das Pochen auf eine harte Defizitgrenze mit dafür sorgen, dass die Debatte auf dem Boden der Tatsachen bleibt.

Der Traum von der politischen Union ist ein schöner Traum. Aber in einem Europa, das seine Kraft aus seiner Vielfalt schöpft, sollten wir mit solchen Träumen vorsichtig sein. Die Euro-Krise hat ein grundsätzliches und heilsames Nachdenken über die richtigen Institutionen für Europa angestoßen. Bei allem Weiterentwickeln der europäischen Institutionen sollten wir beachten, dass wir statt eines Einheitsstaates vor allem Regeln für ein gedeihliches Zusammenleben brauchen.

Vorfahrt für Vernunft

Wir glauben weiterhin, dass die Vernunft siegen wird. In einem beschwerlichen Lernprozess ist die Euro-Zone dabei, sich zu wandeln und sich ein besseres und verlässlicheres Regelwerk für die Zukunft zu geben. Die Krise ist noch längst nicht ausgestanden, das Schicksal Griechenlands bleibt in der Schwebe, mit weiteren Rückschlägen und Turbulenzen müssen wir rechnen. Auch für die deutsche Konjunktur sind die Gefahren groß. Aber gerade die deutsche Politik und die Europäische Zentralbank sind auf dem richtigen Wege.

Bei allem berechtigten Streit um jeden Einzelschritt der Europapolitik haben wir in diesem Buch gezeigt, dass der Ansatz von Bundeskanzlerin Merkel und der sie tragenden Parteien geeignet ist, Schaden vom deutschen Volke abzuwenden und die Zukunft Deutschlands zu sichern. Es gereicht der rot-grünen Opposition zur hohen Ehre, dass sie im nationalen Interesse bisher fast alle Grundsatzentscheidungen zur Euro-Politik in Bundestag und Bundesrat mitgetragen hat.

Europa wandelt sich unter dem Druck der Krise. Wenn die Euro-Zone die Turbulenzen überstanden und den Schmerz der Reformen verkraftet hat, kann sie sich zum dynamischsten Wirtschaftsraum der westlichen Welt entwickeln. Schließlich setzen die angeschlagenen Randländer unter dem Druck der Krise gerade Reformen um, die es in den USA, Großbritannien und Japan so nicht gibt. Wenn die Euro-Familie in den Stürmen der Zeit zusammenhält, kann es ihr in wenigen Jahren weit besser gehen. Der Euro ist ein gutes Geld. Es lohnt sich für uns alle, ihn zu schützen und zu stützen.

Anmerkungen

1 Organisation for Economic Cooperation and Development (OECD): *Economic Policy Reforms 2012: Going for Growth*; Chapter 1: »Structural reforms in times of crisis«, Paris 2012. Den Hinweis auf diesen OECD-Bericht verdanke ich Herrn Professor Peter Bofinger, einem der fünf Mitglieder des deutschen Sachverständigenrates zur Begutachtung der gesamtwirtschaftlichen Entwicklung.

2 Hellenic Statistical Authority (Elstat): »Commercial transactions of Greece: December 2011«, 28. Februar 2012, S. 6. Andere Zählweisen ergeben andere Werte für die Ausfuhr. Aber alle Zählweisen zeigen einen deutlichen Rückgang der Lücke zwischen Einfuhr und Ausfuhr.

3 Nach dem Abflauen der US-Finanzkrise haben die dortigen Banken und Versicherungen mittlerweile nahezu alle Hilfen zurückzahlen können. Dabei hat der US-Steuerzahler über Zinseinnahmen und Gewinne aus dem Verkauf von billig übernommenen Anteilen an Finanzkonzernen insgesamt einen Gewinn von geschätzten 40 Milliarden Dollar einstreichen können.

4 Bei traditionellen Zahlungsbilanz- und Währungskrisen muss die Zentralbank mit ihren begrenzten Devisenreserven eingreifen, um den Außenwert des eigenen Geldes vor dem Absturz zu bewahren. In diesem Fall lohnt es sich oft für Spekulanten, gegen die Zentralbank anzutreten, die sich ja nur begrenzt wehren kann. Aber eine Spekulation gegen eine Zentralbank in einer Finanzkrise, in der die Zentralbank in eigener Währung eingreifen kann, kann sich nur dann lohnen, wenn die Zentralbank den Willen verliert, sich gegen Spekulanten durchzusetzen.

5 Weitere Kriterien beziehen sich auf ein Mindestmaß an Stabilität des Preisniveaus, des Wechselkurses und der Renditen für Staatsanleihen mit langer Restlaufzeit. Diese Kriterien bereiteten den Kandidaten kaum Probleme.

6 Finanzminister Dr. Theodor Waigel flog kurz entschlossen per Hubschrauber zu einer Ratssitzung der Deutschen Bundesbank in Frankfurt, um dort für seinen Vorschlag zu werben, die Goldreserven der Bundesbank vom niedrigen Buchwert auf den höheren Marktwert aufzuwerten oder sogar zu verkaufen, um die Differenz dann als Sondergewinn der Bundesbank an den Eigentümer der Bundesbank, die Bundesrepublik Deutschland, zu überweisen. Er stieß in Frankfurt auf taube Ohren, auch deshalb, weil die deutsche Öffentlichkeit seinen Vorstoß ablehnte. Mit Waigel im Helikopter saß auch sein damaliger

Staatssekretär Dr. Jürgen Stark, der später als stellvertretender Bundesbankpräsident und dann als Chefvolkswirt der Europäischen Zentralbank zu einem der konsequentesten Verfechter der deutschen geldpolitischen Orthodoxie wurde.

7 Berenberg Bank, Oktober 2010.

8 In der deutschen juristischen Standardliteratur finden wir drei Stimmen gegen und eine für die freiwillige Übernahme von Haftung. Michael Rodi argumentiert, Art. 125 gelte als »unmittelbar anwendbares Verbot« auch für freiwillige Hilfe (Randnummer 1), da Art. 122 ff. die Eigenverantwortung der Staaten statuieren (vgl. Michael Rodi: »Art. 125«, in: Christoph Vedder/Wolff Heintschel von Heinegg (Hrsg.): *Europäisches Unionsrecht: EUV, AEUV, Grundrechte-Charta. Handbuch*, Baden-Baden 2012). Daniel-Erasmus Khan führt an, zur effektiven Durchsetzung müsse es auch ein Verbot freiwilliger Hilfe geben, da sonst Mitgliedsstaaten andere zu freiwilliger Hilfe »nötigen« könnten (Daniel-Erasmus Khan: »Art. 125«, in: Rudolf Geiger/Daniel-Erasmus Khan/Markus Kotzur (Hrsg.): *Kommentar: Vertrag über die Europäische Union und Vertrag über die Arbeitsweise der Europäischen Union*, München 2010, 5. Aufl.). Bernhard Kempen schreibt, laut Art. 122 ff. sollten Staaten »in die Mechanismen des freien Marktes zwingen«. Es bestünde eben keine föderale Einstandspflicht wie zwischen Bund und Ländern (vgl. Bernhard Kempen: »Art. 125«, in: Rudolf Streinz (Hrsg.): *Kurzkommentar: EUV/AEUV*, München 2012, 2. Aufl.). Dagegen legt Rüdiger Bandilla dar, es bestünde ein Unterschied zwischen »Haftung« und Beistand, denn die anderen Mitgliedsstaaten treten nicht in Verbindung mit den (anderen) Gläubigern, wie es bei einer zivilrechtlichen Haftung der Fall ist. Zweck der Art. 122 ff. sei die Wahrung der Haushaltsdisziplin. Diese werde auch durch harte Auflagen bei freiwilligem Beistand gewährleistet. Ein absolutes Beistandsverbot für Mitgliedsstaaten wäre inkonsistent, da die Annahme von Beistand durch Nichtmitgliedsstaaten nicht verboten ist (vgl. Rüdiger Bandilla: »Art. 125«, in: Eberhard Grabitz/Meinhard Hilf/Martin Nettesheim (Hrsg.): *EUV/AEUV*, Bd. II, München 2010).

9 Quelle: Eurostat.

10 Jürgen Siebke/Manfred Willms: *Theorie der Geldpolitik*, Berlin, Heidelberg, New York 1974.

11 European Central Bank: *The Monetary Policy of the ECB*, Frankfurt am Main 2001, S. 68.

12 Diese Frage hatten mein Kollege Dr. Jörn Quitzau von der Berenberg Bank und mein früherer Abteilungsleiter am Kieler Institut für Weltwirtschaft, Professor Dr. Norbert Walter, schon im Jahr 2011 als Titel für ihr hervorragendes Buch über den Ausblick für die deutschen und europäischen Staatsfinanzen gewählt.

13 Wie der Name sagt, ist es der Nachfolger von Target1, das mit der Euro-Einführung 1999 dieselbe Aufgabe hatte. Bestand Target1 noch technisch aus den Zahlungssystemen der alten nationalen Zentralbanken, zwischen die man einfach Schnittstellen gebaut hatte, beruht Target2 nun auf einer einheitlichen technischen Plattform, die von den drei großen nationalen Zentralbanken (Bundesbank, Banque de France und Banca d'Italia) entwickelt und betrieben wird.